HANYU DIANJI YINGYI XINSIWEI

汉语典籍英译新思维

乔小六 王纪红 著

东北大学出版社

·沈阳·

ⓒ 乔小六　王纪红　2018

图书在版编目（CIP）数据

汉语典籍英译新思维 / 乔小六，王纪红著 . -- 沈阳：
东北大学出版社 , 2018.8
ISBN 978-7-5517-1994-0

Ⅰ . ①汉… Ⅱ . ①乔… ②王… Ⅲ . ①汉语—古籍—
英语—翻译—研究 Ⅳ . ① H315.9

中国版本图书馆 CIP 数据核字 (2018) 第 195301 号

出 版 者：东北大学出版社
　　　　　地址：沈阳市和平区文化路三号巷 11 号
　　　　　邮编：110819
　　　　　电话：024-83683655（总编室）　83687331（营销部）
　　　　　传真：024-83687332（总编室）　83680180（营销部）
　　　　　网址：http：// www.neupress.com
　　　　　E-mail：neuph@ neupress.com
印 刷 者：定州启航印刷有限公司
发 行 者：东北大学出版社
幅面尺寸：170mm×240mm
印　　张：11.5
字　　数：206 千字
出版时间：2018 年 8 月第 1 版
印刷时间：2020 年 5 月第 1 次印刷
责任编辑：孙　锋
责任校对：项　阳
封面设计：河北优盛文化传播有限公司
责任出版：唐敏志

ISBN 978-7-5517-1994-0　　　　　　　　　　　　定　价：48.00 元

前　言

在当今多元共生的时代，不同文明的并存和竞争的态势依然存在。美国当代著名政治学家塞缪尔·亨廷顿（Samuel P. Huntington）在著作《文明的冲突与世界秩序的重建》（*The Clash of Civilizations and Remaking of World Order*）中提出，21世纪国际政治角力的核心单位不再是国家，而是文明。他将人类的文明分为九大类，中华文明便位列其中。他解释道：

It is my hypothesis that the fundamental source of conflict in this new world will not be primarily ideological or primarily economic. The great divisions among humankind and the dominating source of conflict will be cultural. Nation states will remain the most powerful actors in world affairs, but the principal conflicts of global politics will occur between nations and groups of different civilizations. The clash of civilizations will dominate global Politics.The fault lines between civilizations be the battle lines of the future.

我的假设是这样的，当今新型世界的冲突不止局限于意识形态领域或者经济领域。人类当前冲突的根源来自文化层面。国家仍然是世界活动的主要参与者，但全球政治的主要冲突却将在不同文明的国家或群体之间展开。各文明之间的冲突将主导全球政治格局。文明之间的断层线将成为未来的战争线。

中国的汉语典籍灿若繁星，积淀了中华民族的五千年文明，集中体现了中华民族的生存智慧。在中国全面推动全球化，建设"一带一路"的大背景下，如何正确传递中华民族的文化，让世界全面地了解中华文明，促进中国与世界的沟通和交流尤其重要。"翻译活动最本质的作用是为人类拆除语言文字的障碍，促进不同社会、不同地域、不同文化背景的国家和民族之间的沟通和交流。而这种沟通与交流的结果，往往能启迪新的感悟、新的智慧、新的视角，从而产生巨大的社会推动力，这是社会变革和文化进步不可缺少的加油器。"因此，我们有必要重新梳理中国汉语典籍的英译过程，在新时期进行新思考。

　　翻译在近二三十年以来逐渐成为一门独立的学科，其涉及的领域包括哲学、文化学、社会学、文艺学、美学、工程学、信息学等。翻译的根本目的是跨语言的符号转换和语际交流，而语言学是翻译实践和研究之根。比如，美国著名翻译家尤金·A·奈达（Eugene A. Nida）的"动态对等"（Dynamic Equivalent)翻译理论的基础是形式语言学和乔姆斯基的转换生成语法；英国著名翻译理论家彼特·纽马克（Peter Newmark）的语义翻译和交际翻译的理论基础是系统功能语言学和语用学。尤其是 20 世纪七八十年代兴起的体验哲学观照下的认知语言学，将翻译实践和理论上升到人与自我、社会、自然的整体认知层面，串联起过去、现在，甚至将来这个连续的时间轴。

　　到目前为止，中国汉语典籍的英译方兴未艾，但并未提出较为完整的翻译方法论。韩礼德作为系统功能语言学的创始人，提出了语言的三种元功能，包括概念意义、人际意义和语篇意义，并提出体现这些元功能的及物性系统、语气、情态系统、主述位和信息系统。黄国文将该理论用于中国古典诗词英译批评。但是，像这样的探索不多。

　　我们认为，中国汉语典籍的英译研究有必要追根溯源，再次回归语言学的本质。在第一章，我们探讨了语言学的两个老生常谈的问题。其一是关于语言的任意性和象似性问题。只有搞清楚这个问题，才能明白汉英两种语言之间的异质共在，为翻译活动符号的重新解构和建构奠定认识基础。其二是语言的体验性和民族性。我们只有搞清这个问题，才能完整透视汉英两种文化在语言中的不同表征。

　　在本书的第二章，我们对汉语典籍的英译分类进行了历时性梳理，简要介绍了五位有代表性的汉英典籍译者。我们只进行客观的梳理，不加入任何主观性评论，希望通过这样的方式呈现我国汉语典籍英译的脉络，为相关同人的研究提供帮助。

　　在本书的第三章，我们从不同的角度提出汉英典籍英译的策略。从具体的翻译策略到翻译效果的评价，角度不一，但均指向汉英典籍英译的语际认知传递。我们不就理论谈理论，而是通过具体的实例来展现这些翻译策略的应用。

　　本书的最后两章集中讲解了《论语》《道德经》《诗经》《红楼梦》的英译研究，目的是通过个案文本翻译研究对我们的观点进行补充和论证。

本书的部分观点内容散见于笔者以前发表的文章中，也是江苏省社科联 2016
年度外语类重点课题（16jsyw-04）阶段性成果。由于笔者水平有限，其中的偏颇
或者错误之处在所难免，希望各位同人不吝赐教。

乔小六　王纪红
2018 年 4 月于南京

目　录

第一章 汉语典籍英译的语言学观照

第一节 语言的任意性

莎士比亚说："名字是什么？我们叫玫瑰的这个东西，即使改用其他任何的名称都一样芬芳。"

语言的形式和意义之间的关系一直是哲学界和语言学界争论的焦点，从古希腊时期到 19 世纪末，亚里士多德、洛克、卢梭主张任意说（主张唯名论、约定论和习惯派），柏拉图、洪堡则坚持象似说（主张唯实论、本质论、自然论），伊壁鸠鲁、莱布尼茨兼顾两方观点。直到瑞士语言学家费尔迪南·德·索绪尔（Ferdinand de Saussure）提出语言符号的任意性论点后，才有了重大突破，其论点被视为现代语言学最为重要的原则之一。

但 20 世纪 60 年代以来，这一论点广受争议，国外的如雅各布森（Jakobson）及博林杰（Bolinger）等功能主义研究者们，国内的以许国璋和王寅等，与索绪尔追随者针锋相对，争论之声一度甚嚣尘上。尤其是 20 世纪七八十年代兴起的体验性认知语言学派，让语言本质上的象似性为越来越多的人熟知和接受。尽管关于语言任意性和象似性的争论由来已久，但重新认识索绪尔倡导的语言的任意性的内涵以及象似性存在的科学性仍然大有裨益。

一、任意性的任意性

（一）两个层面的任意性

索绪尔在介绍语言的第一个原则——符号的任意性——时开门见山地说："能指和指的联系是任意的，或者，因为我们所说的符号是能指和所指相联结所产生的整体，我们可以更简单地说，语言符号是任意的。"所谓"任意的"，可以理解为约定的、非自然的、不可论证的（无理据性的）、非象似的等。这个定义首先明确了能指和所指的联系或联结是任意的。任意性首先是说能指和所指间的关系不可论证，并缺少自然联系。索绪尔接着给我们举的例子有时让一部分人产生误解：一个概念可以有不同的声音外衣，概念似乎是明晰的固定的心理实体，能指却游移不定、千变万化。其实，概念的划分也是任意的，声音和意义都是语言的任意性的产物，任何一端都不是固定不变的。这意味着，如果我们假设一个确定的意义，就可以任意地为它安排一个具有区别性的声音；同样，如果我们假设一个确定的声音，也可以任意地为它安排一个意义。

任意性也包括符号和符号之间联结的任意性，也可以被称为"价值任意性"。比如，汉语"（穿）红衣的女孩儿今天早晨在教室里看书"，可被译为英语"The girl in red read a book in the classroom this morning"。如果把汉语句子切分为不同模块，当然这种模块是人为划分的：（穿）（A）红衣的（B）女孩儿（C）今天早晨（D）在教室里（E）看（F）书（G），那么英语句子的模块顺序为 CBFGED。即使同一种语言，句子的顺序也千差万别。比如，我国很多茶具上印有"也可以清心"五个字。无论以哪个字为首，按顺序接下去读，都能读通，虽然意思略有差别。文法是一个个别的组合系统，它在一定程度上是非自然的。但就语言符号而言，它仍不足以挑战语言任意性规则，最多构成语言相对任意性的一面。史迪芬·平克在《语言本能》中举过这样两个例子：如果你去美国的国会图书馆，随便抽出一本书，找一个句子出来，你会发现几乎找不到相同的句子；假如你随便打断一个正在说话的人，在他的句子被打断的地方，大约平均可以插入十个不同的字而不影响这个句子的文法性与意义性。

索绪尔的学生康斯坦丹在第三次教程的听课笔记中记录下老师的话：价值是由概念的（先验性的）不确定性演绎出来的。将所指与能指联结起来的图式，并非原初的图式。O↑这个图式在语言中并非原初状态。概念本身的轮廓，即概念依据一种语言所具有的词语进行排布而向我们呈现出来的状态。在获得这个轮廓之后，O↑这个图式才能够成为考察的对象。能指和所指之间的纽带是这样联结起来的：首先人们能够对混沌的团块施与切分作用而得出听觉印象和概念的切片，而后通过它们相互结合来产生特定的价值。为了能够说明这种关系是独立自在的，概念必须是事先被确定了的东西，然而实际上什么也没有被确定；所指必须是事先被确定了的事物，然而实际情况并非如此。因此从符号学的角度看，魏育邻认为第二种任意性是唯有语言才具备的。同时，我们还必须认识到，既然第一种任意性不是原初性的，那么它只能是第二种任意性的逻辑性结果。这就是说，第二种任意性如果是成立的，那么第一种任意性就是顺理成章的。

（二）任意性构件

任意性涉及语言中的一对范畴——能指（即音响形象）和所指（即概念），任何一个语言符号都包含这两方面。索绪尔认为，从结构上讲，除能指和所指外，符号不包括任何其他东西，符号完全在符号系统内起作用；符号系统给予无定形的世界以结构，其指称对象就不在考虑之列，因为这个世界结构中已经包含了指称对象。索绪尔指出，语言符号联结的不是事物和名称，而是概念和音响形象。正因为所指不是事物，而是概念，也就斩断了语言与先在于它的自然实体的联系，从而使语言的任意性得以实现。索绪尔不仅排除指称对象，也否认"思想"或概念先于语言存在，他认为："从心理方面看，思想离开词的表达，只是一团不定型的和模糊不清的浑然之物"。思想需要语言来切分，正如宇宙需要切分，否则无从认知一样。语言更不是思想的外衣，它的存在使"一团不定型的和模糊不清的浑然之物"成为思想。语言对于思想的独特作用不是为了表达概念而创造了一个物质的声音手段，而是作为思想和声音的媒介，在这种必然的条件下使得各单位间彼此划清界限。语言将各单位划分开来的过程是任意的，表述同一个心理实体可以应用任何"约定"的符号。

索绪尔所说的能指似乎仅指所指的"声音外壳"，许多学者也是这么认为的，语言的任意性被简单理解为某种"声音外壳"与某种被指对象没有必然联系。音响形象相对于概念更加抽象，它"不是物质的声音，纯粹物理的东西，而是这声音的心理印迹，我们的感觉给我们证明的声音表象。"思想是混沌的，概念是抽象的，声音是心理的，语言符号对于我们来说似乎抓不着、看不见，难以捉摸。这也是索绪尔理论在一段时间广受争议的原因之一。

索绪尔认为语言和文字是两种不同的符号系统，后者唯一的存在理由在于表现前者。文字遮住了语言的面貌，它不是一件衣服，而是一种假装。索绪尔力图把文字和语言符号系统隔离，认为文字的强势污染了语言，甚至在一定程度上阻碍了语言的发展。但他也承认，文字虽然与内部系统无关，人们也不得不重视这种经常用来表现语言的手段。"……语言中只有视觉形象，我们可以把它们译成固定的视觉形象……语言既然是音响形象的堆砌，文字就是这些形象的可以捉摸的形式。"索绪尔的"语音中心主义"即逻各斯中心主义受到了后结构主义者的批判，从历史的角度看，他的文字悖论具有特定的历史情境，属于矫枉过正，也和西方语言注重口语有关，这和汉语形成了鲜明对比。笔者认为，现在单纯地将能指归为语音有失偏颇，也即意味着将语言的概念过度狭义化了。

索绪尔的能指和所指虽然抽象，但都是某种实质性的东西，如声音、思想或观念。任何语言系统中的记号都同时含有声音实质和思想实质，同一观念在不同语言中的"思想内容"可能是同一的，表达此思想的语词声音也有共同的物理性质。但是在不同的语言系统中，有关的思想和声音却有不同的形式。叶尔姆斯列夫说，原本无定型的声音和思想正是在语言系统中获得了表达的准确性，于是表达和内容的实质部分也有了相应的形式。他指出，能指构成了表达方面，所指构成内容方面，而且每个方面实际上还包含两个层次——形式和实体。对此，巴尔特又做了进一步的阐释。他认为，形式是语言学家无须求助于任何超语言学前提，就可以对它做出透彻、简要而严密的描述的事实；而实体则是不求助于超语言学前提就无法描述的语言现象的方方面面的总和。既然这两个层次同样存在于表达方面和内容方面之中，那么实际上就有四种情形：① 表达的实体，如语音的、有音节的、非功能性的实体，这些都是语音学研究范畴，而不是音位学研究范畴；② 表达的形式，它是由纵聚合规则和句法规则组成的（需要指出的是，同一形式可以有两种不同实体，语音的或书写的实体）；③ 内容的实体，即"实际"的意义；④ 内容的形式，它是各种所指之间在形式方面的组织，不管有无语义学标记。

所以，任意性的构件不应仅包括索绪尔的概念与音响形象，还应包括符号与事物、文字形体与文字意义、语音与语义、语法结构与语义内容等。语言作为符号，其形式（能指）和内容（所指）之间具有对等性。也就是说，一个符号的音（形）和义是统一的，任何时候都以对等的方式同时出现。正如索绪尔所说："整个语言系统都是以符号任意性的不合理原则为基础的。"

二、任意性的相对性

（一）绝对任意性和相对任意性

索绪尔在强调任意性是语言符号的第一属性和根本属性的同时，并没有完全无视符号某些方面的可论证性。他认为不能论证的语言是不存在的，如果将语言符号的任意性原则毫无限制地加以应用，结果将会非常复杂，但是人们的心理会给一大堆符号的某些部分带来一种秩序和规律性的原则，这就是相对论证性的作用。相对任意性就是相对可以论证，他说："相对地可以论证的概念包含：① 把某一要素加以分析，从而得出一种句段关系；② 唤起一个或几个别的要素，从而得出一种联想关系。"他列举了法语里的复合词和派生词来说明这种可以论证的现象，如"二十"vingt 是不能论证的，而"十九"dix-deuf 却相对能够论证，它能够分析出"十"dix 和"九"deuf。

索绪尔在《教程》第一部分第一章"语言符号的性质"提出了"任意性"

这个概念，却到第二部分第六章才区分"绝对任意性"和"相对任意性"是别有深意的。根据马壮寰先生的理解，索绪尔阐释任意性这个概念时，着眼点主要放在语言符号（主要指词汇或语素），没有涉及语言符号所处的语言系统；而在后章介绍相对任意性时，虽然用来说明要点所举的例子仍然是词汇，但是重心却落在了语言系统上，即处在语言系统中的绝对任意性和相对任意性，也即从单纯的能指和所指联系的任意性过渡到符号与符号联结任意性的层面。

索绪尔认为，相对任意性和语段关系、联想关系是密不可分的。他说："任何要素都要借助于机构才能表达某种观念。到现在为止，单位在我们看来都是价值，即系统的要素，而且我们特别从它们的对立面去考虑，现在我们承认它们有连带关系，包括联想方面的和句段方面的，正是这些关系限制着任意性。"他指出，句段的分析越是容易，次单位的意义越是明显，论证性就越是完备。从不同语言系统来说，不可论证性达到最高点的语言比较着重于语言形式的最低层次，如词汇层面；不可论证性达到最低点的语言比较注重语言形式的最高层次，如语法。另外，语言符号中，汉语是超等词汇的典型，并且语法显性较弱，汉语的不可论证的程度最强，接下来依次是英语、德语以及印欧语和梵语。在一个语言系统内部，语言符号的不可论证性程度和聚合关系以及组合关系成正比，而和语言结构等级成反比（见图1-1），即语言结构等级越低，聚合或组合关系程度就越低，而不可论证性就越高。在此坐标图中，音素和句素分别代表两个极端。单个音素和其他音素只有区分，和语言所指关联也是不可论证的（除了少量的象声词），它体现的是绝对任意性；句素（如果不谈文本）首先必然受困于一个语法结构，必将引发较多的联想关系和聚合关系，所以它任意性程度最低。整个系统在它们之间移动，好像两股相对的潮流，分别推动着语言的运动，一方面是倾向于采用词汇的工具——不能论证的符号，另一方面是偏重于采用语法的工具，即结构的规则。

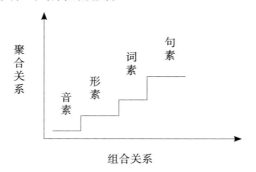

图1-1　语言符号的不可论证性关系图

（二）言语和语言

索绪尔认为，言语活动的研究包含着两个部分：一部分是主要的，它以实质上是社会的、不依赖于个人的语言为研究对象，这种研究纯粹是心理的；另一部分是次要的，它以言语活动的个人部分，即言语（包括发音）为研究对象，它是心理和物理的。语言和言语是相互依存的，语言既是言语的工具，又是言语的产物。从这一点看，语言符号的任意性是相对于"语言"来说的，它是语言的根本属性；而论证性（某种程度上也可说相对任意性）更多指向"言语"，即"语言"形成和创新的过程。索绪尔说："在任何创新的历史上，我们都可以看到两个不同的时期：① 出现于个人时期；② 外表虽然相同，但已为集体所接纳，变成了语言事实的时期。"这两个时期分别指向言语和语言。从整个语言演化来看，初期阶段类似于"言语"阶段，而后期类似于"语言"，因为"语言中凡属历时的，都只是由于言语"。图 1-2 是几种原始文字比较。

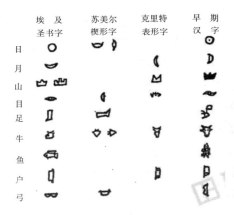

图 1-2　几种原始文字比较

从图 1-2 可以看出，上述几种原始文字具有象形表意性质。其实，现在的许多语言的字母都源于古代象形文字，而汉字却保留了一定的象似性，尽管这种象似性越来越弱。从这一点上来说，在语言形成初期，语言的可论证性最强，随着时间的推移，任意性越来越强。这一点和许国璋先生的观点大相径庭。他说："原始时期的语言符号是任意的，部落社会时期是约定俗成的，文明社会时期是立意的。如果说语言有任意性的话，那也只是限于原始时期，从此以后就不是任意的了。"

正如索绪尔所说："一种语言内部，整个演化运动的标志可能就是不断地由论证性过渡到任意性和由任意性过渡到论证性。"网络媒体加速了语言的演化，也加速了言语向语言的转化，同样加速了这种过渡。

第二节　语言的象似性

美国语言学家查尔斯·弗朗西斯·霍凯特（Charles F. Hockett）提出了人类语言的十三个区别性特征，其中最核心的特征仍然是索绪尔提出的语言的任意性，这些特征被语言学教材奉为经典。结构语言学家完全继承了这一论断；系统功能学派和美国功能学派认为，语言在单独的声音层面具有任意性，在句法层面却并非如此；体验认知语言学派则力主语言的象似性。

一、皮尔斯的符号观

查尔斯·桑德斯·皮尔斯（Charles Sanders Peirce）是美国著名的哲学家、逻辑学家，实用主义的主要创始人之一。他将逻辑视为指号学的另一个名字，是关于指号的类似必然的或形式的学说。所有思想都在指号中，指号学揭示的既是如何思考又是用什么思考，这和索绪尔的符号学不同。就指号与其对象的关系而言，指号可以分为图像、标志和象征。

图像、标志和象征均指示对象，图像仅借助自己的特征去指示对象，不论这样的对象事实上是否存在，它都拥有这样相同的特征；标志通过被对象影响而指示对象，并被对象修正；象征借助法则和普遍观念的联想指示对象，这种法则使该象征被解释为指示的那个对象，因此象征本身就是一种普遍的类型或法则。从这些定义可以看出，三种指号中，只有象征表征了与对象的约定俗成的关系，即法则和普遍观念；图像和标志均具有自然的基础特征。标志始终受对象影响并被对象修正；图像借助和对象的相似性表征对象。皮尔斯将象似符进一步细分为影像符、图示符和隐喻符，第一次用"Iconicity"这一术语指称符号形式和所指事体之间所存在的一种自然关系，并称"每种语言的句法借助约定俗成的规则，都具有合乎逻辑的象似性"。

二、象似原则

当代著名认知语言学家约翰·海曼（John Haiman）分别在 1985 年和 1987 年出版了《自然句法——象似性与磨损》《句法象似性》两本专著，系统阐述、分析了语言句法中存在的象似性。他认为，语言结构如同非语言的图示，它们都以同样的方式和同样的原因偏离象似性。象似性与任意性总是不断竞争的，语言中的任意性并非源于人类遗传的天性，而是源于经济性、泛化和联想等比较常见的原则。海曼进一步论述了皮尔斯的观点，将象似符划分为映象符和拟象符。句法象似性又可分为两种：成分象似和关系象似。成分象似即能指和所指之间建立起来双向唯一对应关系，句法成分与现实或概念结构成分之间一一对应；关系象似即句法构造在某一方面可以直接反映现实结构，句法成分之间与经验结构成分之间存在关系对应性。

关于语言成分排列象似性问题，弗里德里希·温格瑞尔（F. Ungerer）和汉斯尤格·施密特（H. J. Schmid）总结了三个基本原则：象似顺序、象似邻近和象似量。

象似顺序原则就是语言成分的排列顺序和所描述事件发生的时间顺序或概念的时间顺序相对应。下面是唐代诗人柳宗元所写的《小石潭记》的部分内容。

从小丘西行百二十步，隔篁竹，闻水声，如鸣珮环，心乐之。伐竹取道，下见小潭，水尤清冽。全石以为底，近岸，卷石底以出，为坻，为屿，为嵁，为岩。青树翠蔓，蒙络摇缀，参差披拂。

潭中鱼可百许头，皆若空游无所依。日光下澈，影布石上，怡然不动；俶尔远逝，往来翕忽。似与游者相乐。

潭西南而望，斗折蛇行，明灭可见。其岸势犬牙差互，不可知其源。

坐潭上，四面竹树环合，寂寥无人，凄神寒骨，悄怆幽邃。以其境过清，不可久居，乃记之而去。

A hundred and twenty paces west of the knoll, across the bamboos and bushes, I heard with a delight gurgling like the sound made by jade bracelets. So I cut a path through the bamboos till I came upon a small pool of clear water. The bottom was of rock and a spring gushed out from the boulders near the bank. Rocks formed little islets and crags, overhung by green trees and vines which were growing in great profusion.

There were about a hundred fish in the tarn, and they seemed to be gliding through empty space without support. In the sunlight which reached the bottom, casting shadows over the rocks, the fish would stay for a while motionless then suddenly dart far away. They scudded to and fro, as if sharing the visitors' delight.

Looking southwest in the chequered sunlight at the jagged, serpentine shore, you could not see the whole.

I sat by this tarn, with bamboos and trees all round me, in utter silence and solitude. The seclusion and quiet cast a chill over me; and the scene was one of such purity that I could not stay there long. So I marked the spot and left.

文中描述的事件或动作按"西行—闻水声—乐—伐竹取道—见小潭—观石—观青树翠蔓—观鱼—观日光—西南而望—观岸—坐潭上—观竹树—记之—离去"排列，和行文的线性顺序排列完全一致。英文虽然小有调整，但基本一致。

象似邻近原则就是关系近的语言成分必须靠在一起，也就是认知上相近的概念在语言的时间和空间上也接近。比如下面这首元代马致远的散曲名作《天净沙·秋思》（许渊冲译）：

枯藤老树昏鸦，
Over old trees wreathed with rotten vines fly evening crows;
小桥流水人家，
Under a small bridge near a cottage a stream flows;
古道西风瘦马。
On ancient road in the west wind, a lean horse goes.
夕阳西下，
Westward declines the sun;
断肠人在天涯。
Far, far from home is the heartbroken one.

全曲短短28个字，却有10个意象（或概念），表征四个空间，前三个是时空空间，最后一个是心理空间。第一个空间围绕"老树"布局：老树、缠绕老树的枯藤、黄昏时的乌鸦；第二个空间围绕"桥"布局：小桥、桥下流水、桥附近的人家；第三个空间围绕"古道"布局：古道、西风、瘦马；最后一个空间是前三个空间的投射整合，增加了一个意象"夕阳西下"，这是全曲的大背景。作者在排列这些意象时匠心独具，但依然遵循象似邻近原则。

象似量原则指的是语言单位的数量与所表示概念的量、重要性和复杂程度成正比象似，与可测度成反比象似。概念量越大、越复杂，所用语言单位的数量也就越多；信息的可预测性越低，所用的语言单位也就越多。越是复杂的概念，在思考时就需要更长的时间，语言表达时所用的单位数量也就相应较多。

我们来看宋代著名女词人李清照写的《声声慢·寻寻觅觅》（许渊冲译）：

寻寻觅觅，

冷冷清清，

I look for what I miss;

I know not what it is.

凄凄惨惨戚戚。

I feel so sad, so drear,

So lonely, without cheer.

乍暖还寒时候，

最难将息。

How hard it is

To keep me fit

In this lingering cold!

三杯两盏淡酒，

怎敌他，晚来风急！

Hardly warmed up

By cup on cup

Of wine so dry,

Oh, how could I

Endure at dusk the drift

Of wind so swift?

雁过也，

正伤心，

却是旧时相识。

It breaks my heart, alas!

To see the wild geese pass,

For they are my acquaintances of old.

满地黄花堆积，

憔悴损，

如今有谁堪摘？

The ground is covered with yellow flowers faded and fallen in showers.

Who will pick them up now?

守着窗儿，

独自怎生得黑！

Sitting alone at the window, how

Could I but quicken

The pace of darkness which won't thicken?

梧桐更兼细雨，

到黄昏点点滴滴，

这次第，

怎一个愁字了得！

On parasol-trees leaves a fine rain drizzles As twilight grizzles.

Oh! what can I do with a grief

Beyond belief?

这首词的前几句连续使用了"寻寻觅觅、冷冷清清、凄凄惨惨戚戚"14 个字的叠词，后面和"点点滴滴"呼应，这在惜字如金的中国古诗词中是罕见的。李清照通过增加语言单位，表达了她因国破家亡、天涯沦落而产生的孤寂落寞、悲凉愁苦的复杂心绪。许渊冲的翻译巧妙地用 so、I 等词的反复和 drizzles、grizzles 传递出了词人的这种心境。

三、拟声象似和文本策略象似性

值得一提的还有语音的象似性，似乎语言的声音能传递特别的概念。语言中存在大量的拟声词，如人类的笑声、自然界的声音等。英语中的 lump、plump、hump 的发音总能使人想起大块物体落地的声音；swing, swirl, sway, sweep 使人想到"摆动"。汉语的"小""瘦"为闭口音，"大""胖"为开口音，发音和物体外形象似；"差""坏""恶"均为去声，"好""美"均为上声，和心理距离象似。下面是清朝林嗣环的散文名作《口技》片段：

忽一人大呼："火起"，夫起大呼，妇亦起大呼。两儿齐哭。俄而百千人大呼，百千儿哭，百千犬吠。中间力拉崩倒之声，火爆声，呼呼风声，百千齐作；又夹百千求救声，曳屋许许声，抢夺声，泼水声。凡所应有，无所不有。虽人有百手，手有百指，不能指其一端；人有百口，口有百舌，不能名其一处也。于是宾客无不变色离席，奋袖出臂，两股战战，几欲先走。

这一段运用了各种各样的声音描写，如"呼呼""许许"，大人的"呼"，婴儿的"哭"，狗的"吠"以及各种救火的声音，加上排列短句的使用和"声"字的重复，读来令人应接不暇、惊心动魄。

我们再看白居易的名诗《琵琶行》。同时对比两个版本的译文：

大弦嘈嘈如急雨，小弦切切如私语。
嘈嘈切切错杂弹，大珠小珠落玉盘。

Loud as rain, soft as secrets,
Pearls of varied sizes cascaded on a tray of jade.（张廷琛、魏博思译）

The thick strings loudly thrummed like the pattering rain;
The fine strings softly tinkled in a murmuring strain.
When mingling loud and sot notes were together played,
It was like large and small pearls dropping on plate of jade.（许渊冲译）

原诗描写的是声音，但画面感极强，再加上象声词的使用，将琵琶的音乐急切表现得淋漓尽致。许渊冲的翻译基本上是直译，thrummed、pattering, tinkled、murmuring、mingling 读起来节奏感极强；又唯恐英语读者有感官空白，同时加入了 loudly、softly 等词。

第三节　语言的体验性

一、认知机制

美国语言学家诺姆·乔姆斯基（Noam Chomsky）在 20 世纪 50 年代出版

了著名的《句法结构》，点燃了语言认知革命的火花。乔姆斯基提出的语言自治论将语言的"任意性"推上顶峰，他认为，语言是独立于人类其他认知系统的与生俱来的自治的认知能力。乔姆斯基认为人类语言存在共性，存在普遍语法，语言的生成是深层结构向表层结构的转换。

20 世纪七八十年代兴起的认知语言学是对语言唯理论的反叛，代表人物有 Talmy、Jackendoff、Langacker、Lakoff、Biewish、Hudson、Fillmore、Taylor 等。他们关心语言与心智和大脑的关系，主张语言是认知系统的一部分；认知系统是由感知、情感、范畴化、抽象化和推理等能力组成。下面一段论述界定了认知语言学和其他语言学的区别。

In contrast to most previous linguistic paradigms, which saw meaning either as less relevant or else as an autonomous linguistic module, CL approaches language as an integrated part of human cognition which operates in interaction with and on the basis of the same principles as other cognitive faculties. CL is defined as a linguistic theory which analyzes language in its relation to other cognitive domains and faculties such as bodily and mental experiences, image-schemas, perception, attention, memory, viewing frames, categorization, abstract thought, emotion, reasoning, inferencing, etc.They are all one in cognition.

认知语言学，和以前大多数的语言学范式不同，不再将意义看作不太相关或封闭自治的语言模块，而是将语言看作人类认知不可或缺的部分。语言认知机制和其他认知机制相互影响，建立在相同的认知原则之上。因此，认知语言学可以被定义为分析语言和其他认知域和认知机制关系的语言学理论。这些认知域和认知机制包括身体或思维体验、意象图式、感知、注意力、记忆、视觉框架、范畴化、抽象思维、情感、理性思维和推理等。所有这些域和机制在认知上是一体的。

以索绪尔为代表的结构语言学的哲学基础是分析哲学，兼有唯理性倾向，心理学基础是行为主义，强调语言的内指性和系统性；以乔姆斯基为代表的转化语法学派的哲学基础是混合哲学，包括笛卡儿的天赋论和二元论以及形式主义，心理学基础是纯心智主义，认为语言和语法都是自治的；认知语言学的哲学基础是体验哲学，强调心智的体验性、认知的无意识性、思维的隐喻性，心理学基础是建构性的心智主义、互动论和联通论，研究目标不是描写语言行为，而是解释引起语言行为的心理结构和心理过程，揭示语言内在的规律。

认知语言学认为，语言不是天赋，而是通过后天互动体验和认知加工形成的；不同语言具有各自的特征，其间差异性大于共性；语言和句法不是自治的，语法是概念化的。经验观、凸显观和注意观是根据语言与我们周围世界的关系来处理语言的三种互锁的途径，共同描述了认知语言学的核心领域。总的说来，这些观点是和乔姆斯基生成语言学针锋相对的观点。

克里斯·辛哈认为，语言是一种生物文化的生物龛，就其本质而言，是我们扩展的体验性的一部分。他主张语言能力是语言使用者和语言之间的认知—行为关系，是生物有机体（人类）与生物龛（即语言）之间塑造和被塑造的互动关系，人类大脑中并不存在所谓普遍语法。

二、认知过程

认知语言学的核心原则是"现实—认知—语言"。其中的认知过程可以进一步细化为互动体验—意象图示—范畴—概念—意义。意象图示的定义有很多。莱考夫将意象分为三种，包括感觉意象、心智意象、意象图示，其中，意象图示是我们身体经验中反复出现的比较简单的结构，具有动觉特征。Johnson 认为，意象图示是人类体验活动中不断再现的动态结构；Gibbs 认为，意象图示是空间关系和空间运动的动态表征；Oakley 把意象图示看作是对感性经验压缩性的再描写。下面是 Mandler J. M 的定义。

An image schema is a recurring structure within our cognitive processes which establishes patterns of understanding and reasoning. Image schemas are formed from our bodily interactions, from linguistic experience, and from historical context.[①]

意象图示是我们认知过程中建立理解和推理模式时不断再现的结构。意象图示源于身体的互动、语言体验和历史语境。

从上面的定义可以看出，意象图示是人类认知过程中形成的，是对动态重复体验的经验抽象和概念映射。意象图示也是语域的一种，是一种刻画语义单位的特点和描写概念的特征的认知语境。莱考夫将基本意象图示分为如下 10 种：① 中央—边缘图式；② 容器图式；③ 循环图式；④ 力道图式；⑤ 连接

① 　MANDLER J M. How to Build a baby:II. Conceptual primitives[J]. Psychological review，1999（4）：587-604.

图式；⑥ 部分—整体图式；⑦ 路径图式；⑧ 标量图式⑨ 垂直图式；⑩ 平衡图式。

人类的认知基于体验，始于范畴化，先获得范畴，形成概念，概念系统是根据范畴组织起来的，因此范畴化是范畴和概念形成的基础，范畴和概念是范畴化的结果。Jaekendoff 指出，认知最基本的一个方面就是划分范畴的能力，即判断某一特定事物是不是某一特定范畴的具体实例。简单地说，范畴化即是基于共性和差异将我们的体验划入不同范畴的过程。范畴可以划分成三个层次，分别为上位层次、基本层次和下位层次。基本层次是我们感知世界上的生物体和物体之间最明显的差异所在，满足了人类"基本"的认知需求，是人类兴趣焦点所在，因此具有文化上的重要性。

认知语法创始人罗纳德·兰艾克（Ronald Langacker）认为，意义是概念化的结果，而概念化指的是心理经历的任何一个方面，包括对于物质、语言、社会及文化等经历的理解，即意义要依赖语境和对世界的了解。意义包括语义内容以及人对该语义内容的识解，语义内容由不同认知域提供，识解的方式（层次、突显度和视角）也各有不同。兰艾克提出语法具有象征性，结构式是语法描述的主要对象，而认知语法通过图示表征语法。认知语言学中的图式类似于传统语法中的规则，是个例的抽象和概括。伦纳德·泰尔米（Leonard Talmy）认为，从宏观的角度来看，整个语言系统由开放类词汇形式和封闭类语法形式构成。词汇形式表达概念内容，语法形式表达概念结构。两个子系统在形式、语义和功能上均存在不同。泰尔米将语言系统分为五个图式系统：形态结构、视角、注意力分布、力动态和认知状态。

三、认知方法

乔治·莱考夫（George Lakoff）和麦克·约翰逊（Mark Johnson）在 20 世纪 80 年代出版了《我们赖以生存的隐喻》一书，提出了著名的概念隐喻理论。莱考夫认为，概念隐喻是一种思维方式，也是一种生活方式。隐喻大体可以分为本体性隐喻、结构性隐喻和方位性隐喻；隐喻是源域向目标域的映射。莱考夫后来将隐喻理论分成"隐喻是数学映射""隐喻是投影仪""隐喻的神经模型"三个发展阶段。作为一种思维方式，概念隐喻也包括诗歌等文学作品。诗人将日常的、简单的概念隐喻组合成复杂的、有趣的诗歌隐喻或其他复杂的隐喻，形成隐喻创新和文学意象。比如，中国古典诗词中存在大量和"月亮"有关的隐喻意象。

　　比利时语言学家德克·希拉茨（Dirk Geeraets）教授的研究呼应了隐喻的体验性基础向情境体验性的转移。他认为，隐喻具有文化和历史的独特性。比如，莎士比亚在其戏剧中利用 choler（胆汁）的概念来表达生气的情感，这是由于在当时的医药理论中，胆汁过多，人便易怒。因此，莎士比亚戏剧中关于生气的概念隐喻具有特定的历史性和文化性。

　　隐喻不仅仅是修辞工具，更是一种对事物进行思考的方法。传统意义上，隐喻被看作一个三项模型，包括本体、喻体、背景三个部分。温格瑞尔·施密特将这三个部分融入"映射域"这个概念。映射域包含意象图示、基本相互关系和文化依存评价三个主要成分。隐喻的映射域本质上反映出我们所处世界的概念经验。《红楼梦》中林黛玉在大观园居住的地方是"潇湘馆"。在中国的文化中，潇湘是两个人，同为尧的女儿，长女叫娥皇，次女叫女英，后来两女都嫁给舜为妻，帮助舜多次脱离险境，后来舜南下巡视，客死异乡，娥皇和女英同往寻找，最后死于湘江，潇水是湘江的大支流，所以称此水为潇湘，两女也称潇湘妃子，二女死前泪染青竹，竹上生斑，称潇湘竹。"潇湘馆"隐喻林黛玉"重情"和悲惨的结局。在英语世界中，这一名称却无法唤起读者的概念经验，因为缺乏相应的"文化依存评价"。

　　转喻和隐喻十分相似，有时甚至难以区分，两者既是修辞工具又是认知方法，都存在从来源义到目标义的映射过程。不同的是，转喻的映射局限于一个认知域；目标义和来源义的关联存在偶然性。兰艾克认为，转喻就是一个参照点现象，高度凸显的实体作为认知参照点唤起不那么凸显的实体，从而把听者或读者的注意力引导到目标上。转喻的例子在中国典籍尤其是古典小说中比比皆是，如《水浒传》中"花和尚""菜园子"是"职业代人的转喻模式"，"豹子头""青面兽"是"属性代人的转喻模式"，"金枪将"则是"重要工具代人转喻模式"。《红楼梦》广泛运用谐音进行转喻，如"卜士仁"谐音"不是人"。这些转喻可以有效凸显小说人物的特点，引导读者关注，达到刻画人物的目的。

　　美国著名的认知语言学家马克·特纳（Mark Turner）和吉尔斯·福康涅（Gilles Fauconnier）教授主张用"心智空间"和"概念整合理论"来解释人类进行范畴化、建立认知模型（CM）和理解自然语言意义的过程。所谓"心智空间"，就是我们思考和交谈过程中出于局部理解和行动的需要而形成的小概念包。心智空间是由许多成分构成，并由框架和认知模式提供结构的集合，它们相互关联，随思维和话语的展开而修改。概念整合至少涉及四个空间，包括两个输入空间、一个类属空间和一个融合空间。这四个心智空间通过一系列的映

射彼此连接起来，形成一个概念整合网络（CIN）（图1-3）。

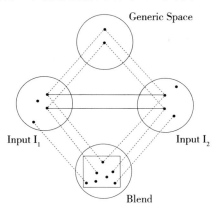

Generic Space

Input I₁

Input I₂

Blend

图 1-3 概念整合网络

特纳教授认为，概念整合或合成是人类的高阶认知能力的来源。借助概念整合，可以掌握人类思维的尺度，压缩冗余部分、获得整体透视、强化重要关系、产生故事以及将碎片合成整体。概念整合可以分成简单型、镜像型、单域型、双域型等四种基本类型。其中的双域概念整合是最高级的一种，它导致了语言的产生，是人类区别于其他物种的特征，也是语言、艺术、科学、高级工具使用、社会认知、数学、音乐、艺术等人类高阶认知能力的基础。约翰·泰勒（John Taylor）认为，莱考夫的概念隐喻理论存在争议和挑战。莱考夫似乎过分夸大了隐喻在语言表达中的不可替代性。而概念整合理论在一定程度上弥补了概念隐喻理论的不足，具有更强的解释力。

比如，《红楼梦》第五十六回，贾宝玉在房中睡觉，梦中到了南京甄宝玉的住所，一样的花园，一般的丫鬟，也有一个类似贾母、溺爱孙子的老太太，贾宝玉上前搭讪，被丫鬟们叫作臭小子。最神奇的是下面一段：

一面想，一面顺步早到了一所院内。宝玉诧异道："除了怡红院，也竟还有这么一个院落？"忽上了台阶，进入屋内，只见榻上有一个人卧着，那边有几个女儿做针线，或有嬉笑玩耍的。只见榻上那个少年叹了一声，一个丫鬟笑问道："宝玉，你不睡，又叹什么？想必为你妹妹病了，你又胡愁乱恨呢。"宝玉听说，心下也便吃惊，只见榻上少年说道："我听见老太太说，长安都中也有个宝玉，和我一样的性情，我只不信。我才做了一个梦，竟梦中到了都中一个大花园子里头，遇见几个姐姐，都叫我臭小厮，不理我。好容易找到他房里，偏他睡觉，空有皮囊，真性不知往那里去了。"宝玉听说，忙说道："我因找宝玉来到这里，原来你就是宝玉？"榻上的忙下来拉住，笑道："原来你就是宝玉！这可不是梦里了？"宝玉道："这如何是梦？真而又真的！"一语未了，只见人来说："老爷叫宝玉。"吓得二人皆慌了，一个宝玉就走。一个便忙叫："宝玉快回来！宝玉快回来！"

在上面的文字所呈现的输入空间中，我们看到贾宝玉正在做梦。在一个独立的但相关的输入心智空间中，贾宝玉梦见甄宝玉也在做梦。一个是现实（贾宝玉在做梦），一个是虚幻（甄宝玉在做梦）。而整合空间却包含了现实和虚幻两个空间，原本没有的见面框架被引入整合空间，达到了奇妙的艺术效果，表达了丰富的思想内涵。

第四节　语言的民族性

思维方式是主体在反映客体的思维过程中，定型化了的思维形式、思维方法和思维程序的综合和统一。思维方式主要由知识、观念、方法、智力、情感、意志、语言、习惯等八大要素组成。思维方式是文化和语言的桥梁。一方面，思维方式与文化密切相关，是文化心理特征的集中体现，又对文化心理要素产生制约。思维方式的差异体现在民族文化的几乎所有领域，包括物质文化、制度文化、行为文化、精神文化和交际文化。另一方面，思维又与语言密切相关。思维是语言产生和发展的内部深层机制，语言是思维外显的主要工具，是思维方式的构成要素。

一、语言学研究的人类学转向

自18世纪初以来，语言学研究经历了对比语言学研究、历史语言学研究、结构语言学研究和形式语言学研究几个阶段，19世纪语言学研究开始逐渐将语言研究置于社会文化的语境下。20世纪初，语言学研究的人类学转向在英国和北美方兴未艾。

19世纪，德国心理学家威廉·冯特（Wilhem Wundt）曾经说过，一个民族的词汇和语法能够反映它的民族心理，其中主要包括其民族思维习惯，它限制了生活的各个方面。萨丕尔—沃尔夫假说发展了洪堡的思想，提出了著名的语言决定论（后修订为语言相对论）。著名人类学家布罗尼斯拉夫·马林诺夫斯基（Bronislaw Malinowski）通过在超卜连群岛土著部落的田野实践，提出了著名的言语社区概念，认为词汇的意义很大程度上取决于词汇的使用语境，或者说生活中的真实语境；他认为，在语言的最初阶段，语言是行为模式而不是思维工具。弗斯（J. R. Firth）的情景理论同样印证的是语言使用和共现要素的密切关联。戴尔·海姆斯（Dell Hymes）提出了语言交际的三要素和记忆言语成分。系统功能语言学之父韩礼德（M. A. K. Halliday）则从社会符号和交互作用的角度理解语言，从语言功能角度把语法解释为一种潜在的意义系统。

　　语言影响我们思维方式的形成，因此不同的语言很可能反映的是说话者独特的理解世界的方式。语言既是思维的主要载体，也是思维的主要表现形式，而思维又是语言的内涵和过程。

二、汉英民族思维模式比较

　　任何民族的思维模式都是定型化了的思想方法，是每个民族在长期的地理环境、经济文化环境的影响下逐步形成的。汉民族在东方辽阔的土地上经历了几千年的封建社会，过着封闭式的自给自足的农耕生活；中国古代的上层建筑中渗透了"血缘—伦理"这一鲜明色彩。在以伦理维系的农业社会里，华夏民族逐步发育了一种阴阳互补式的思维模式，蔡钟翔将其总结为"两极兼容"。在上古时代，人们对世界的认识是从一种模糊的、直观的、朴素的阴阳观念出发的。我国最早的哲学武库《易经》就有"一阴一阳谓之道也"的说法。从阴阳出发，中国人的思维模式有如下特点：第一，整体结构封闭，呈静态稳定状，两元素左右上下和谐对称，错落有致；第二，两元素分裂不明显，界限模糊，可谓两极世界中此中有彼，彼中有此；第三，两元素相互依存，彼此共生，功能互补。相信我们从中国的太极图能领会出上述特点。

　　英语民族生活在四面临海的狭长岛上，自然环境不利于农耕，因此他们必须依靠大海生存，航海使得他们富有冒险和扩张的精神。商业的发达，流动性的增强使他们不可能以血缘和宗族来维系社会关系，而只能通过理性化的契约关系来实现。另外，"本体论"是西方哲学的基石，其有三种内涵，分别为追寻作为"世界统一性"的终极存在，反思作为"知识统一性"的终极解释，体认作为"意义统一性"的终极价值。所以西方人（包括英国人）笃信宗教，同时追求科学，发展出了因果式的思维模式：第一，结构开放，两元素具有流动性；第二，两元素彼此外在，相互独立，"因"不依赖"果"而存在，"果"也不依赖"因"而存在；第三，"因"可推"果"，"果"可究"因"，因而它们的关系具有历史单向性。

三、民族思维模式与汉英句式

（一）汉语语序的固定与英语语序的灵活

汉语属于分析型语言，没有曲折变化，语序在句子里起着决定性的作用，句子只能以时间和事理为线索，按照实际的"时序"及"事序"来安排语序。按照戴浩一先生的说法，"它（汉语）的语序和思维之流完全合拍"。先出现的先说，后出现的后说，先交代，后总结，描述性和说明性的词语往往前置，句子呈句首开放、句尾收缩式。而英语有着丰富的形态变化，语序呈句尾开放式，比较灵活，句子成分只要在语法上保持一致，可以灵活安排。

例1：

a. When she learned that her husband had died in the explosion, the poor woman burst into crying.

b. The poor old woman burst into crying when she learned that her husband had died in the explosion.

在上述例子种，时间状语"when she learned that her husband had died in the explosion"可以灵活地置前或置后，但翻译成汉语时，只能说"当那个可怜的妇人得知丈夫在爆炸中丧生，放声大哭起来"。

例2：I met with an old friend of mine when I was walking on the street yesterday, whom I haven't seen for years.

译文：昨天我在街上散步时遇到了多年未见的老朋友。

上述例子的英文中，定语从句"whom I haven't seen for years"较长，所以后置；而汉语却只能将修饰性、描述性的词语提前，并且叙事严格按照时序，语序无法变动。

另外，"阴阳相生、辩证统一"的中国传统偶对思维模式毫无例外地在文言修辞体式的创造与运用中发挥了巨大的作用。双关、比兴、对偶、平仄等都是这种思维模式的产物，其极端的例子就是讲究形式对称、内容辩证统一、韵律和谐的对联。当然，英语（尤其是诗歌）有时也有格式和韵脚的规律，英语天然的不规则使它无法像汉语那么对仗工整。比如，唐朝诗人李白的名篇《静夜思》：

静夜思

Thoughts in a Still Night

床前明月光，

The luminous moonshine before my bed,

疑是地上霜。

Is thought to be the frost fallen on the ground.

举头望明月，

I lift my head to gaze at the cliff moon,

低头思故乡。

And then bow down to muse on my distant home.

汉英在语序上的固定与灵活，反映了中国人"整体结构封闭，呈静态稳定状，两元素左右上下和谐对称，错落有致"，和英国人"结构开放，两元素具有流动性"的不同的思维模式。

（二）汉语的意合和英语的形合

所谓形合，就是指词语或分句之间用有形的关系词、连接词、介词、非谓语动词等连接手段连接起来，表达句子的语法意义和逻辑关系。意合是指词语和分句之间不用有形的方式连接，句中的语法意义和逻辑关系通过词语或分句间的含义表达。汉语属于非形态语，词形语序缺乏变化，句子的词法、句法和语义信息不通过形态变化来表现，而是以意统形，通过语言环境和语言的内在关系联系在一起，语法呈隐性；英语为形态语，它以形统意，用严密的形态变化来表现语法范畴和语意信息，语法呈显性。著名汉语学家王力教授曾说："西洋语的结构好像连环，虽则环与环都联络起来，毕竟有联络的痕迹；中国语的结构好像无缝天衣，只是一块一块地硬凑，凑起来还不让它留痕迹。"

例3：晋太元中，武陵人捕鱼为业。缘溪行，忘路之远近。忽逢桃花林，夹岸数百步，中无杂树，芳草鲜美，落英缤纷。（《桃花源记》）

During the Tai-yuan years of the dynasty Jin, a freshman from the county of Wuling strolled on the back of a stream, forgetting the distance of his track, into a grove of blossoming peach trees all at once. For several hundred steps along the bank side, there were no other trees; the sward was freshly green and fallen petals of the peach blooms were scattered on the grass verdure. (*the Peach Blossom Visionary Land*)

例4：埃尼斯，高鼻梁，瘦脸型，邋里邋遢的，胸部有点凹陷，上身短，腿又长又弯。他有一身适合骑马和打架的坚韧肌肉。(《断背山》)

Ennis, high-arched nose and narrow face, was scruffy and a little cave-chested, balanced a small torso on long, caliper legs, possessed a muscular and supple body made for the horse and for fighting.(*Brokeback Mountain*)

从上面的句子可以看出，英汉两种语言在句式结构上存在明显的差异。英语句子主谓突出，主次分明，在形态上呈现出叠床架屋式的树型构造。每个部分之间的逻辑关系都有明显的连接词连接，如介词 during、from、into、非谓语动词 forgetting 等。而汉语句子是"积顿成句"，不存在主干结构，如同竹子般节节拔起，呈现出竹式结构。每个部分之间也没有任何表达逻辑关系的词语，"忽逢桃花林"等前面更是省略了主语，但句子内部隐含了一定的时间顺序或逻辑顺序。总的说来，汉语读起来似断非断，断的是表面形式，连贯的是逻辑。

中国人的思维方式是非逻辑的，具有重直观、直觉的特征。老子区分"为学"和"为道"，他认为要把握世界的一般一道，必须依靠直观，通过下意识或潜意识来直接把握事物，产生悟性，不经过部分分析。也就是说，中国人具有天生的整体把握事物的能力。所以，虽然汉语在形式上没有明确的符号表明逻辑，语言模糊，但中国人仍然凭借整体把握能力理清句子的内在关联。这正符合汉民族"两元素分裂不明显，界限模糊，可谓两极世界中此中有彼、彼中有此。"而英国人重演绎推理，特别强调逻辑关系，即"因""果"间的关系和因果变化。所以英语句子形态多变，如谓语动词形态（果）必须根据人称或时态（因）的变化而变化，同时特别强调连接词的使用，这就是所谓"'因'可推'果'，'果'可究'因'"。

（三）汉语的主体性和英语的客体性

我们先来看几个例子：

例5: Three minutes' delay will render it involuntary and ignominious. (*Wuthering Heights*)

译文：再耽搁三分钟，我就得强迫你走，那样（对你）很不光彩的。(《呼啸山庄》)

例6：...a mingled guffaw, from Heathcliff and Hareton, put the copestone on my rage and humiliation. (*Wuthering Heights*)

译文：希斯克厉夫和海尔顿一起放声大笑，这使我的愤怒和羞辱达到了极点。(《呼啸山庄》)

例7：Anxiety on Jane's behalf was another prevailing concern, and Mr. Darcy's explanation, by restoring Bingley to all her former good opinion, heightened the sense of what Jane had lost.(*Arrogance and Prejudice*)

译文：她还有一桩大心事，那就是替吉英担忧；达西先生的解释固然使她对彬格莱先生恢复了以往的好感，但同时也越发感觉到吉英受到的损失太大。(《傲慢与偏见》)

上述三个例子有一个共同点：英语句子均是非人称作主语（delay, guffaw, anxiety, explanation），汉语的译文按照汉语的习惯都换成了人物作主语（我，希斯克厉夫和海尔顿，她）。这就是汉英主语的主客观倾向问题，这种差异同样源于汉英两个民族不同的思维模式。

人与自然的关系问题在中国古代被不断地讨论过。《尚书·舜典》中说过："八音克谐，无相夺伦，神人以知。"孟子所养"浩然之气"可以充塞天地之间。道家讲"天地与我并生，万物与我为一。"儒家一方面从"利用厚生"方面讲人与自然的统一，另一方面从"正德"方面强调人与自然的统一，认为伦理道德的规律与自然规律在根本上是一致的。可以说，"天人合一"的思想渗透到了华夏民族的集体无意识当中，形成了汉民族的主体思维方式。这种思维方式从内在的主体意识出发，按照主体意识的评价和取向，赋予客观世界以某种意义。《易经》中说："古者伏氏之有天下也，仰则观象于天，俯则观法于地，观鸟兽之文与地之宜，近取诸身，远取诸物，以类万物之情。"这段话指出了中国人重直觉体悟的主体性思维特点。正所谓"两元素相互依存，彼此共生，功能互补"。而欧美等西方国家在其"神人分立"的哲学思想指导下，认为人的思想独立于自然之外，人能够战胜自然，改造自然。"主客两分"主张把物质与精神、社会与自然、本质与现象对立起来，这符合英国人"两元素彼此外在，相互独立，'因'不依赖'果'而存在，'果'也不依赖'因'而存在"的思辨模式。这种思辨性反映在语言结构上，英语在交际与书面语中注重事物及过程而非动作的施行者。

每一个民族的语言特点都与本民族的思维模式密切相关。汉英分属于两个文明，创造了各自的文化体系，有着不同的民族思维模式。随着时代发展，世界距离的拉近，汉英两种语言也相互渗透，两种文化相互融合、取长补短，汉英两个民族的思维模式差异将会越来越模糊。

第二章 汉语典籍英译的历时描写

第一节 诸子百家典籍及其英译

早在 2000 多年前，中国历史上出现了一个刷新视野、缤纷、深刻的思想和文化领域的伟大时刻——春秋战国时代。中国文化在这一时期发生了胎动式的爆炸突破，诞生了众多杰出的思想家、教育家、哲学家等。"诸子百家"是后世对先秦学术思想人物和派别的总称。"诸子"主要指的是先秦时期管子、老子、孔子、庄子、孙子、墨子、孟子、荀子等学术思想的代表人物；"百家"指的是儒家、道家、墨家、兵家、农家、名家、法家等学术流派。思想家们纷纷著书立说，阐述自己对当时社会矛盾的认识，提出了各自的治国方案。

先秦诸子的著作，其中主要有《论语》、《孟子》（梦轲）、《荀子》（荀卿）、《管子》（管仲）、《墨子》（墨翟）、《老子》（老聃）、《公孙龙子》（公孙龙）、《庄子》（庄周）、《鬼谷子》（纵横家）、《韩非子》（韩非）、《吕氏春秋》（吕不韦）等。

一、《论语》

《论语》是中国古代儒家的一部重要典籍，是孔子的弟子和再传弟子编辑而成，记录了孔子的主要观点，包括政治观、教育观、经济思想和宗教观以及孔子对一些人和事的评价。它成书于战国初期，后来被列入"四书"，是中国传统文化的突出代表。

因秦始皇焚书坑儒，到西汉时期仅有口头传授及从孔子住宅夹壁中所得的本子，共计 3 个版本，分别为鲁人口头传授的《鲁论语》20 篇、齐人口头传授的《齐论语》22 篇、从孔子住宅夹壁中发现的《古论语》21 篇。西汉末年，帝师张禹根据《鲁论语》，参照《齐论语》，精治《论语》，另成一论，称为《张侯论》。东汉末年，郑玄以《张侯论》为依据，参考《齐论语》《古论语》，作《论语注》，是为今本《论语》。《齐论语》《古论语》经战乱，不久失传。因此，现存《论语》共 20 篇，492 章，其中记录孔子与弟子及时人谈论之语约 444 章，记孔门弟子相互谈论之语 48 章。

《论语》外译肇始于 16 世纪末，最早被译为拉丁语，版本众多。

1594 年，意大利籍耶稣会士利玛窦（Matteo Ricci）出版《四书》拉丁文译本（该译本已经散失）。

1687 年，比利时籍耶稣会士柏应理（Philippe Couplet）等传教士在巴黎出版《中国哲学家孔子》（*Confucius Sinarum Phi-losophus*）拉丁文本，书中包含孔子传和《论语》的拉丁译文。1691 年，该书被翻译成英文在伦敦出版，名为《孔子的道德哲学：一位中国哲人》（*The Morals of Confucius, A Chinese Philosopher*），成为最早的《论语》转译英译本。

《论语》由汉语翻译成英文最早开始于 19 世纪初，包括全译本和节译本。

1809 年，英国传教士马士曼（Joshua Marshman）翻译出版了《论语》节译本（*The Works of Confucius: Containing the Original Text, with a Translation*）。

1828 年，伦敦会传教士柯大卫（David Collie）在马六甲翻译出版了 *The Four Books*，包含《论语》，这是《论语》的第一个英文全译本。

1861 年，英国著名汉学家理雅各（James Legge）翻译出版了 *Confucian Analects*，收入《中国经典》第一卷（*The Chinese Classics. Vol. 1, Confucian Analects, the Great Learning, and the Doctrine of the Mean*）。

1895 年，威廉·詹宁斯（William Jennings）在伦敦翻译出版了 *The Confucian Analects: A Translation*。

1898 年，中国人辜鸿铭（Ku Hung-ming）在上海翻译出版了《论语》（*The Discourses and Sayings of Confucius: A New Special Translation, Illustrated with Quotations from Goethe and Other Writers*）。

1909 年，列纳德·利欧（Leonard Lyall）在伦敦翻译出版了 *The Sayings of Confucius*。

1910 年，苏慧廉（Soothill William）翻译出版了 *The Analects of Confucius*。

1938 年，英国汉学家亚瑟·韦利（Arthur Waley）的英译《论语》（*The Analects of Confucius*）在伦敦出版。

1938 年，林语堂翻译出版了论语节译本 *The Wisdom of Confucius*。

1943 年，翟林奈（Giles Lionel）在伦敦翻译出版了 *The Sayings of Confucius: A New Translation of the Greater Part of the Confucian Analects* 节译本。

1951 年，美国诗人庞德（Ezra Pound）出版了《论语》（*Confucian Analects*）全译本。

1955 年，詹姆士·韦厄（James Ware）在纽约翻译出版了 *The Sayings of Confucius*。

1979 年，刘殿爵（Lau D.C.）出版《论语》（*Confucius the Analects*）英译本。

1991 年，李天辰英译《论语》（*The Analects of Confucius*），由山东大学出版社出版。

1992 年，梅仁毅翻译出版了《论语》英译本。

1993 年，潘富恩与温少霞英译 *The Analects of Confucius*。

1997 年，黄继忠翻译出版了《论语》（*The Analects of Confucius: A Literal Translation with an Introduction and Notes*）。

1998 年，亚当·西雅（Adam Sia）在新加坡翻译出版了 *The Complete Analects of Confucius*。

1998 年，大卫·辛顿（David Hinton）在美国翻译出版了 *The Analects*。

1999 年，李祥甫（Li David H）翻译出版了双语版《论语》（*Analects of Confucius: A New-Millennium Bilingual Edition*）。

1999 年，纽约 Ballantine 公司出版安乐哲（Ames Roger）和罗思文（Henry Rosemont）翻译的《论语的哲学诠释》（*The Analects of Confucius: A Philosophical Translation*）。

1999 年，丁往道节译《论语》出版了《孔子语录一百则》。

2003 年，埃德华·司林哲兰德（Edward Slingerland）翻译出版 *Confucius Analects*。

2005 年，金沛霖、李亚斯出版了《孔子语录：英汉对照》。

二、《孟子》

《孟子》是我国儒家传统经典，是中华文化的瑰宝，是中国传统文化的重要组成部分，被列入"四书"。《孟子》不仅是文学经典，也是哲学巨著，具有丰富的文学表现形式和哲学思想内涵。《孟子》以叙事和对话的方式记载了孟子一生的主要政治活动、学术活动及在政治、伦理、哲学、教育等方面的思想和主张。

《孟子》外译约始于 16 世纪下半叶。最早的《孟子》英译本源于英国伦敦会传教士柯大卫·科利（David Collie）于 1828 年由马六甲教会刊行出版的《中国古典：通称四书》（*The Chinese Classical Work Commonly Called the Four Books*），是最早的"四书"完整英译本。

1861 年，英国著名汉学家理雅各（James Legge）在香港出版《中国经典》第二卷《孟子》（*The Chinese Classics: with a Translation, Critical and Exegetical Notes, Prolegomena, and Copious Indexes / Vol. 2, The Works of Mencius*）。

1875 年，理雅各出版翻译 *The Chinese Classics: Life and Teaching of Confucius. Vol.2 The Life and Works of Mencius: with Essays and Notes*。

1932 年，英国 Longmans, Green And Co. LTD 出版了由兰雅（Leonard Arthur Lyall）翻译的《孟子》（*Mencius*）。

1942 年，英国翻译家翟林奈（Lionel Giles）在伦敦翻译出版《孟子经典》（*The Books of Mencius*），该译本是《孟子》的删译本。《孟子》一书共 260 节，该译文仅保留了 138 节。

1959 年，美国著名诗人 Ezra Pound 向西方介绍了代表中国哲学价值观的《孟子》（*Mencius*）节译本（*Mang tzu. I*）。

1960 年，哈佛大学汉语副教授詹姆士·威尔（James R Ware）在纽约翻译出版了《孟子说》（*The Sayings of Mencius*）。

1963 年，加拿大多伦多大学教授杜百胜（William Arthur Charles Harvey Dobson）的《孟子》英译本（*Mencius: A New Translation Arranged and Annotated for the General Reader*）分别于多伦多和伦敦出版发行。

1970 年，汉学家刘殿爵（Dim Cheuk Lau）的《孟子》（Mencius）译本在伦敦企鹅出版社出版发行。

1998 年，美国 Counterpoint 出版社推大卫·辛顿（David Hinton）翻译的《孟子》全译本。

1998 年，李天辰翻译出版 *Sayings of Confucius and Mencius: A Chinese-English Bilingual Textbook*。

1999 年，翻译家赵甄陶的《孟子》（*Mencius*）出版，该译本已被纳入"大中华文库"。

1999 年，何祚康和蔡希勤编译的《孟子》（*Mencius*）出版，该译本被编入"汉英对照中国圣人文化丛书"系列。

2004 年，瓦格纳（Donald B. Wagner）翻译出版了《孟子》译本（*A Mencius Reader:For Beginning and Advanced Students of Classical Chinese*）。

2006 年，金沛霖翻译出版了英汉对照版《孟子语录》（*The Quotation by Mencius: a Chinese-English Bilingual Book*）。

2009 年，范诺登（Bryan W. Van Norden）翻译出版了《孟子》（*The Essential Mengzi: Selected Passages with Traditional Commentary*）。

三、《大学》

《大学》是儒学经典《四书》之一。大学分"三纲""八目"："三纲"指三条基本原则，即"明明德""亲民""止于至善"；"八目"指八个步骤，即"格物""致知""诚意""正心""修身""齐家""治国""平天下"。

1687 年，比利时籍耶稣会士柏应理（Philippe Couplet）等传教士在巴黎出版的拉丁文本《中国哲学家孔子》（*Confucius Sinarum philosophis*）。书中有中国经典导论、孔子传和《大学》《中庸》《论语》的拉丁译文。1691 年，该书被翻译成英文并在伦敦出版，名为《中国之哲人孔子的道德》，这是《大学》最早的一个英译本。

1812 年，来华传教的英国新教传教士马礼逊翻译出版了《中国通俗文学译文集》，包含了《大学》的译文。

1814 年，传教士乔书华·马士曼出版了《中国言法》，其子约翰·马士曼翻译的《大学》附于书后，乔书华·马士曼进行审定并添加了大量注释。

1828 年，英国传教士柯大卫出版了《四书》，他的《大学》以朱子的《大学章句》为底本，10 个章节标示清晰，没有原文，译文下方是脚注，脚注分为注释和评论两个部分。

1861 年，英国著名汉学家理雅各（James Legge）在香港出版《中国经典》第一、二卷即《四书》，由香港伦敦传道会印刷所印刷出版，《大学》（*The Great Learning*）是其中的第一卷。

1928 年，庞德翻译《大学》（*Ta Hio: the Great Learning*），这是美国的第一个《大学》全译本。

1938 年，旅美华人林语堂翻译出版了儒学典籍英译本《孔子的智慧》（*The Wisdom of Confucius*），《大学》被收录于此书。

1943 年，英国汉学家修中诚翻译了《大学》与《中庸》。

1963 年，美国华裔翻译家陈荣捷（Chan Wing-Tsit）翻译的《中国哲学资料书》（*A Source Book in Chinese Philosophy*）由普林斯顿大学出版，这是欧美第一本系统、全面地介绍中国哲学思想的资料汇编，《大学》被收录在内。

四、《中庸》

《中庸》被尊为《四书》之一，它以人的道德修养为核心，从心性层面诠释儒家深层内涵；它以性为核心，关注天道本体和人道人事，提出通过"中庸""诚"来解决天道人性等方面的疑问。南宋理学家朱熹誉之为"提挈纲维，开示蕴奥，历选前圣之书，未有若是之明且尽者也"。而后，《中庸》成为儒家文化正统的经典，对我国社会文化思想产生重要影响。

《中庸》的英译主要是 19 世纪以后，译者范围较广，有英国译者、中国本土译者以及美国华裔译者。

1861 年，英国著名汉学家理雅各（James Legge）在香港出版《中国经典》第一、二卷即《四书》，由香港伦敦传道会印刷所印刷出版，《中庸》被收录其中。

1906 年，中国学者辜鸿铭翻译出版了第一本由中国人自己翻译的《中庸》（*The Universal Order or Conduct of Life*）。

1942 年，修中诚翻译了《大学与中庸》。

1963 年，美国华裔翻译家陈荣捷译注了包括《四书》在内的《中国哲学文献选编》（*A Source Book in Chinese Philosophy*），由美国普林斯顿大学印行，其译本被海外中国哲学研究作为基本资料来参考。

2001 年，夏威夷大学出版社出版了安乐哲（Roger Ames）与郝大伟（David Hall）合译的《中庸》（*Focusing the Familiar, A Translation and Philosophical Interpretation of the Zhongyong*）新译本。

五、《荀子》

《荀子》作为儒家的核心经典之一，是荀况（约前 313—前 238）的著作，共包括 32 本，大部分是荀子自己所撰，有少数由其弟子收集和记录而来。该书内容广泛，覆盖了哲学、美学、经济学、政治、教育、语言学和文学等多个领域，有大量的排比和原创观点，被称为先秦时期伟大的思想宝库。

截至目前，《荀子》有两个主要英语译本。

第一个译本是美国著名汉学家德效骞（Homer Hasenpflug Dubs）于 1927 年和 1928 年连续出版的著作《荀子：古代儒学之塑造者》和《荀子》（*The Works of Hsüntze*）选译本。德效骞选译了《荀子》32 章中"并非后世所为，而且是重要"的 19 篇，包括《劝学》《修身》《荣辱》《非相》《非十二子》《仲尼》《儒效》《王制》

《富国》《君道》《天论》《正论》《礼论》《乐论》《解蔽》《正名》《性恶》等。

第二个译本是美国迈阿密大学的哲学教授、哲学系系主任约翰·诺布洛克（John Knoblock）于 1988 年和 1900 年先后翻译出版了《荀子全译和研究》（*Xunzi: a Translation and Study of the Complete Works*）三卷本，成为第一本《荀子》的全译本。诺布洛克的《荀子全译本》有极长篇幅的历史背景与考订说明，且附有详尽的西文、中文、日文参考资料目录。

六、《道德经》

《道德经》又称《道德真经》《老子》《五千言》《老子五千文》，是道家经典哲学思想的重要来源，也是中国历史上首部完整的哲学著作。全书围绕"道"这一哲学概念，阐述了世界万物的起源、存在方式、运动发展规律、社会矛盾与解决方法等。

《道德经》的版本有数十种，而流传较广的版本分为世传本（以王弼本和河上公本为代表）、帛书本（包括甲本、乙本）、竹简本（甲本、乙本、丙本）等三种。各版本文本差异很大，没有统一的底本，造成了译本繁多的现象。

《道德经》在英语世界的研究起步较晚，早期的传播较多的来自拉丁语、法语、德语等语种的转译。

1868 年，湛约翰（John Chalmers）翻译的《老子玄学、政治与道德律之思辨》（*The Speculations on Metaphysics, Polity and Morality of "The Old Philosopher", Lau -tsze*）一书在伦敦图伯纳出版社出版。

1891 年苏格兰汉学家詹姆士·理雅各（James Legge）翻译出版了《道德经》（*The Tao Teh King of Lao Tsu*）。

1934 年，韦利（Arthur David Waley）出版了《道及其力量：〈道德经〉及其在中国思想中的地位研究》（*The Way and Its Power: A Study of the Tao Te Ching and Its Place in Chinese Thought*）。

1936 年，胡子霖首次英译《老子》，由成都加拿大教会出版社出版。

1939—1940 年，吴经熊翻译发表《老子（道德经）》（*Lao Tzu's The Too and Its Virtue*）。

1948 年，林语堂翻译出版《老子的智慧》（*The Wisdom of Laotse*）。

1963 年，刘殿爵（D.C.Lau）翻译出版了《道德经》英文版。1982 年，刘殿爵出版了第一个帛书译本《中国经典：老子道德经》，标志着译者开始重视和研究原文版本。

1972 年，冯家富（Gia-fu Feng）和简·英格里斯（Jane English）合译出版《道德经》。

1977 年，林振述（Paul J. Lin）出版《老子道德经及王弼注英译》（*A Translation of Lao Tzu's Tao Te Ching and Wang Pi's Commentary*）。

1977 年，杨有维（Rhett W. Young）和安乐哲出版《老子的注释及评介》（*Laozi: Text, Notes , and Comments*）。

1985 年，约翰·海德（John Heider）以《领导之道》（*The Tao of Leadership*）为名翻译了《道德经》。

1989 年和 2000 年，韩禄伯（Robert G Henricks）先后出版了《老子道德经：新出马王堆本的注译与评论》和《老子道德经：郭店新出楚简的翻译与研究》。

1990 年，梅维恒出版《道德经：道与德之经典》（*Tao Te Ching: The Classic Book of Integrity and the Way*）。

1991 年，汪榕培和 Puffenberger 合译出版《英译老子》。

1992 年，迈克尔·拉法格（Michael Lafargue）出版《道德经之道》（*The Tao of the Tao Te Ching*）。

1994 年，马拜（John Marbry）以《道德经的基督教》（*God, as Nature Sees God : A Christian Reading of Tao Te Ching*）为名翻译出版《道德经》。

1997 年，娥苏拉·勒瑰恩（Ursula K. Le Guin）翻译出版了《老子的道德经》（*Lao Tzu Tao Te Ching*）。

2001 年，罗伯茨（Moss Roberts）出版《道德经：老子之道》（*Dao De Jing: The Book of the Way of Laozi*）。

2002 年，艾文贺出版《老子的道德经》（The Daodejing of Laozi）。

2003 年，安乐哲和郝大维（David L. Hall）合作出版《道不远人：比较哲学视域中的老子》（*Daodejing "Making This Life Significant": A Philosophical Translation*）。

七、《庄子》

《庄子》又名《南华经》，是战国早期庄子及其后学所著，是《老子》以来传承和弘扬道家思想的第一经典，也是一部杰出的文学著作。《庄子》一书分内、外、杂篇，原有 52 篇，由战国中晚期逐步流传、糅杂、附益，至西汉大致成形，然而当时流传版本今已失传。目前所传 33 篇由郭象整理，篇目章节与汉代也有不同。内篇大体可代表战国时期庄子思想核心，而外、杂篇发展纵横百余年，掺杂黄老、庄子后学形成复杂的体系。

《庄子》英译从 1881 年到现在已经有 100 多年的时间，全译本、简译本、改译本、选译本及其他著述中的散落译文片断达百十种。

1891 年，理雅各翻译出版《庄子》（*The Writings of Kwang Zou*）。译本同《老子·太上感应篇》的英译一起合成《道家文本》（*Texts of Taoism*），共同发表在米勒（Max Muller）主编的系列丛书《东方圣典》中。

1931 年，北京大学哲学教授冯友兰翻译《庄子》（内七篇英译），由商务印书馆在上海出版，1964 年纽约再版，1989 年由外文出版社在北京重印。

1958 年，林语堂翻译出版了 *The Wisdom of Laoste*。

1968 年，伯顿·沃森（Burton Watson）翻译出版了 *The Complete Works of Chuang Tzu*。

1989 年，英国汉学家葛瑞汉（Angus Charles Grhama）翻译了《庄子》。

1994 年，梅维恒（Mair Victor）翻译出版了 *Wondering on the Way: Early Taoist Tales and Parables of Chuang Tzu*。

1997 年，中国学者汪榕培先生翻译出版《庄子》。

2003 年，托马斯·克利里（Thomas Cleary）翻译出版了 *The Taoist Classics: The Collected Translation of Thomas Cleary*。

八、《韩非子》

《韩非子》是战国法家的代表作之一，该书是韩非著作的集成，是先秦时期的一部重要思想文献，它比较全面地总结了春秋战国时期新兴地主阶级与奴隶主阶级在战国末期所面临的时代难题，系统地阐述了法家要求建立统一的中央集权的封建国家的法治理论，成为集法家思想之大成的著作。

《韩非子》是先秦散文的杰作之一，语言通俗流畅，书中还保存了我国古代大量的寓言故事，善于用各种修辞手段增强语言的形象性、和谐美，在思想和艺术上都达到了很高的水平，成为我国文学史上的璀璨明珠。

截至目前，《韩非子》有两个主要英语节译本。

第一个译本是 1958 年伯顿·华兹生（Burton Watson）根据陈奇猷校注的《韩非子集释》上、下卷，由上海人民出版社出版的英译选译本，包括 12 篇，① 主道（The Way of the Ruler）；② 有度（On Having Standards）；③ 两柄（The Two Handles）；④ 扬权（Wielding Power）；⑤ 八奸（The Eight Villainies）；⑥ 十过（The Ten Faults）；⑦ 说难（The difficulties of Persuasion）；⑧ 和氏

（Mr.Ho）；⑨ 备内（Precautions Within the Palace）；⑩ 南面（Facing South）；⑪ 五蠹（The Five Vermin）；⑫ 显学（Eminence of Learning）。

第二个译本是 1939 年亚瑟·威利在伦敦出版的《古代中国的三种思维方式》（*Three Ways of Thought in Ancient China, tr. Arthur Waley*），选译了部分章节。

九、《孙子兵法》

《孙子兵法》又称《孙武兵法》《吴孙子兵法》《孙子兵书》《孙武兵书》《吴孙子》《兵法十三篇》等，是我国迄今为止最古老、最完整、最著名的军事著作，被誉为"兵学圣典""兵经"，在中国军事史上占有十分重要的地位。

《孙子兵法》的第一个英译本是根据日文《孙子兵法》转译而成。1905 年，日本东京出版了英国皇家野战炮兵上尉卡尔斯罗普（Everarel Ferguson Calthrop）翻译的《孙子兵法》。1908 年，卡尔斯又以中文原著为底本，对首译本进行改动和重译，出版了《兵书：远东兵法经典》（*The Book of War, The Military Classic of the Far East*）。

1910 年，英国汉学家莱昂纳尔·贾尔斯（Lionel Giles）翻译出版了英译本《孙子兵法》《(*Sun Tzu: On The Oldest Military Treatise in the World*），以清朝学者孙星衍《十家孙子会注》为底本全译了孙子十三篇。

1963 年，美国军事理论家格里菲思（Samuel Griffith）以宋本《十一家注孙子》和《武经七书》为底本，翻译的 *Sun Tzu: The Art of War* 由牛津克拉伦登出版社（Clarendon Press）出版。该译本在已有版本基础上进行了借鉴和改进，被联合国教科文组织收入《中国代表作丛书》。

1981 年，詹姆斯·克拉维尔（James Clavell）在贾尔斯译本的基础上修订翻译了 *The Art Of War*。

1988 年，R. L.Wing 翻译出版了 *The Art of Strategy: A New Translation of Sun Tzu's Classic, the Art of War*。

1988 年，托马斯·克里利（Thomas Cleary）翻译出版了 *The Art of War: Sun Tzu*。

1993 年，汉学家安乐哲（Roger T. Ames）以 1772 年出土的山东临沂银雀山汉墓竹简为底本重新翻译了《孙子兵法》，出版了《孙子兵法：首个含银雀山新发现竹简本的英译本》（*Sun-Tzu: The Art of Warfare: The First English Translation Incorporating the Recently Discovered Yin-chu'ueh-shan Texts*）。

1993 年，J. H. Huang 翻译出版了 *The Art of War: The New Translation*。

1994 年，Ralph D. Sawyer 以《武经七书》为底本翻译出版了 *The Art of War*。

1999 年，Gary Gagliardi 翻译出版了 *The Art of War: In Sun Tzu's Own Words*。

2001 年，国内资深学者林戊荪翻译的 *Sun Zi: The Art of War Sun Bin: The Art of War* 由外文出版社出版，收录在《大中华文库》中。

2002 年，丹玛翻译集团出版《孙子兵法》（*The Art of War Sun Tzu*）。

2002 年，阅福德（John Minford）在美国企鹅图书公司出版 *The Art of War Sun Tzu*。

2007 年，梅耶尔（Victor H. Mair）翻译出版 *The Art of War: Sun Zi's Military Methods*。

第二节　汉语古典诗歌、戏曲及其英译

一、《诗经》

《诗经》是缘起于西周初到春秋中叶 500 多年的诗歌总集，本称《诗》，又称《诗三百》，自汉以来，儒生尊《诗三百》为"经"，遂有《诗经》之名，列为五经之首。《诗经》的作者绝大部分已经无法考证。

《诗经》是周代礼乐文化的一部分，是中华民族文化的根文学。它分为《风》（160 首）、《雅》（105 首）、《颂》（40 首）三个部分。《雅》是周人的正声雅乐，又分《小雅》和《大雅》；《颂》是周王庭和贵族宗庙祭祀的乐歌，又分为《周颂》《鲁颂》和《商颂》；《风》是周代各地的歌谣，比较接近一般人的情感和生活。

汉代传授《诗经》的有齐、鲁、韩、毛四家，东汉以后，齐、鲁、韩三家先后亡失，仅存《毛诗外传》。毛诗盛行于东汉以后，并流传至今。

《诗经》的英译至今已有近 200 年的历史。早在 18 世纪，英国汉学家威廉·琼斯爵士（Sir William Jones）用直译和诗体意译两种方式翻译了《淇奥》《桃夭》《节南山》三首诗的各一节，成为第一位尝试英译《诗经》的学者。之后，先后有多位国内外译者将《诗经》翻译成外国语言，其中英文译本数量最多，达 50 多种，仅全译本就有十余种。

1871 年，英国汉学家理雅各（James Legge）出版《中国经典》（*The*

Chinese Classics with a Translation,Critical and Exegetical Notes Prolegomena and Copious Indexes）丛书第四卷，即《诗经》（*The Shi King*）散体全译本，在香港出版。该译本前附有近 200 页的"绪论"，设五章，分别介绍《诗经》的采编、流传、内容、版本、笺注、传序、格律、音韵，以及包括地理、政区、宗教和其他人文环境在内的背景知识。

1876 年，理雅各又出版了《诗经》的韵体诗英译本。

1879 年，理雅各将《中国经典》中与宗教相关的诗歌译文收入缪勒（Max Muller）主编的《东方圣典》丛书第三卷，即《中国圣典：儒家典籍》（*The Sacred Books of China: The Texts of Confucianism*）。

1891 年，英国传教士威廉·詹宁斯（William Jennings）在英国出版了《诗经》韵体全译本 *The Shi King: The old Poetry Classic of the Chinese*，这是《诗经》第二个英语全译本。

1891 年，阿连壁（Clement Francis Romilly Allen）在伦敦出版了《诗经：中国的诗集》（*The Book of Chinese Poetry*）的韵体译本。

1898 年，伦敦出版了翟理士的《中诗英韵》，其中选译了部分《诗经》。

1906 年，克拉默宾出版了《中国诗选》，包含《诗经》的韵体译本。

1908 年，英国汉学家、翻译家朗西洛特·阿尔弗雷德·克莱默 – 宾（Lancelot Alfred Cramner-Byng）翻译出版了《诗经》（*The Odes of Confusions*）。

1913 年，英国女学者、翻译家、作家海伦·沃德尔（Helen Waddell）出版了《中国诗歌集》（*Lyrics from the Chinese*），其中包含《诗经》30 多首的韵体译文。

1915 年，美国意象派诗人埃兹拉·庞德（Ezra Pound）翻译的《孔子诗集》（*The Classic Anthology Defined by Confucius*）在剑桥出版。他将《诗经》首次翻译成自由体诗，全书分为国风、小雅、大雅、颂四个部分，每篇诗前无题解，后无注释，只有诗篇正文。1954 年，该书在哈佛大学出版社重印。

1937 年，英国著名的汉学家、翻译家阿瑟·韦利（Arthur Waley）在伦敦翻译出版了 *The Book of Songs: The Ancient Chinese Classic of Poetry*。韦利将 305 篇诗按照题材分 17 类，将原书诗作重新排列，使用自由体诗进行翻译，并在译诗集的附录里对原诗做了详细的文本注释。

1984 年，美国当代最著名的汉学家、翻译家伯顿·沃森（Burton Watson）的著作《中国诗选》（*Columbia Book of Chinese Poetry: From Early Times to the*

Thirteenth Century），其中第一章是《诗经》。

1993 年，许渊冲翻译出版了《诗经》韵体全译本，由湖南出版社出版。

1994 年，许渊冲在中国文学出版社出版《诗经》韵体全译本 *An Unexpurgated Translation of Book of Songs*。

1995 年，汪榕培和任秀桦翻译《诗经》，书名《诗经：中英文版》（*The Book of Poetry*），由辽宁教育出版社出版。

1996 年，美国当代汉学家、翻译家宇文所安（Stephen Owen）出版的著作《诺顿中国文学选集：从初始至 1911 年》（*An Anthology of Chinese Literature, Beginnings to 1911*），包含《诗经》的英译本。

2001 年，杨宪益和 Gladys Yang（戴乃迭）翻译出版了《古诗苑汉英译丛：诗经（汉英对照）》，选取《诗经》中“国风”及“大雅”“小雅”中的 45 首诗歌。

2008 年，汪榕培翻译了“大中华文库”版《诗经》全译本，由湖南人民出版社出版。

2009 年，许渊冲翻译出版了《诗经：汉英对照》（*Book of Poetry*），由中国对外翻译出版公司出版。

二、唐诗

唐诗泛指创作于唐朝的诗。唐诗是中华民族非常珍贵的文化遗产之一，是中华文化宝库中的一颗明珠。唐诗的基本形式有五言古体诗、七言古体诗、五言绝句、七言绝句、五言律诗、七言律诗。唐朝的诗歌流派纷呈，群星璀璨，有山水田园诗派、边塞诗派、浪漫诗派、现实诗派等。

罗伯特·马礼逊（Robert Morrison）（1815）、理雅各（James Legge）（1861—1872）、伟烈亚力（Alexander Wylie）（1867）、约翰·戴维斯（John Francis Davis）（1870）、爱德华·帕克（Edward Parker）（1887）、艾约瑟（Joseph Edkins）（1888）、克莱默·宾（L. Granmer Byng）（1909）均对唐诗进行了不同程度的译介，但数量相对较少。

1898 年，英国人翟里斯（Herbert Allen Giles）出版《古今诗选》（*Chinese Poetry in English Verse*），收录英译唐诗 101 首。

1915 年，美国著名诗人埃兹拉·庞德（Ezra Pound）出版《华夏集》（*Cathay*），其中包括 14 首英译唐诗。

1918 年，著名汉学家阿瑟·韦利（Arthur Waley）出版《中国古诗 170 首》（*A Hundred and Seventy Chinese Poems*），并于 1919 年出版续集。

1919 年，英国人威廉·班布里奇·弗莱彻（William Bainbridge Fletcher）出版《英译唐诗选》（*Gems of Chinese Verse*），翻译唐诗 181 首，1925 年出版该诗选续集，增译唐诗 105 首。

1922 年，日本留美学者小畑薰良用英文翻译出版《李白诗集》。

1929 年，美国诗人威特·宾纳（Witter Bynner）和江亢虎合作翻译出版《群玉山头》（*The Jade Mountain*），这是《唐诗三百首》的第一个英译本。

1932 年，中国人蔡廷干翻译《唐诗英韵》（*Chinese Poetry in English Rhymes*），由美国芝加哥大学出版社出版。

1952 年，洪业（William Hung）翻译出版《中国最伟大诗人杜甫诗歌注释》（*Tu Fu, China's Greatest Poet*）。

1956 年，克斯罗斯（Kenneth Rexroth）翻译出版《中国诗歌一百首》（*One Hundred Poems from the Chinese*）。

1958 年，张音南和沃姆斯利（Lewis C. Walmsley）合译出版《王维诗》（*Poems by Wang Wei*），收录 167 首王维诗歌。

1959 年，斯奈德（Gary Snyder）出版《砌石与寒山诗》（*Riprap and Cold Mountain Poems*）。

1962 年，美国学者华岑（Burton Watson）出版《唐代诗人寒山诗百首》（*Cold Mountains: One Hundred Poems by the Tang Poet Han Shan*）。

1965 年，英国汉学家葛瑞汉（A.C. Graham）翻译出版《晚唐诗选》（*Poems of the Late Tang*）。

1965 年，Alan Ayling 和 Duncan Mackintosh 翻译出版《中国诗词英译 / 唐诗》（*Collection of Chinese Lyrics*）

1970 年，美国学者 Howard S. Levy 翻译出版《白居易诗选》（*Translations from Po Chu-i's collected works*）。

1972 年，华裔学者叶维廉（Wailim Yip）翻译出版《藏天下：王维诗选》（*Hiding the Universe: Poems of Wang Wei*）。

1973 年，阿瑟·库柏（Arthur Cooper）翻译出版 *Li Po and Tu Fu: Poems Selected and Translated with an Introduction and Notes*。

1974 年，罗宾逊（G.W. Robinson）翻译出版《王维：诗》（*Wang Wei: Poems*）。

1974 年，威尔斯（Henry W. Wells）和陈希合译出版《王维诗选》（*An Album of Wang Wei*）。

1975 年，著名汉学家宇文所安（Stephen Owen）翻译出版《孟郊与韩愈的诗》（*The Poetry of Meng Chiao and Han Yu*）。1977 年翻译出版《初唐诗》（*The Poetry of the Early Tang*）。1981 年翻译出版《盛唐诗》（*The Great Age of Chinese Poetry: High Tang*）。1985 年翻译出版《中国传统诗歌与诗学》（*Traditional Chinese Poetry and Poetics*）。2006 年翻译出版《晚唐诗：827–860》（*The Late Tang: Chinese poetry of the mid–ninth century 827–860*）。

1976 年，英国汉学家约翰·特纳（John Turner）翻译出版《中诗金库》（*A Golden Treasury of Chinese Poetry*）。

1984 年，许渊冲翻译出版《唐诗一百五十首》（*150 Tang Poems*）。

1985 年，吴钧陶翻译出版《杜甫诗英译一百五十首》（*Tu Fu One Hundred and Fifty Poems*）。

1985 年，翁显良翻译出版《古诗英译》（*An English Translation of Chinese Ancient Poems*）。

1988 年，许渊冲、陆佩弦、吴钧陶翻译出版《唐诗三百首新译》（*300 Tang Poems : A New Translation*）。

1990 年，罗伯特·亨瑞克斯（Robert G. Henricks）翻译出版《寒山诗（全译注译本）》（*The Poetry of Han Shan : A Complete Annotated Translation of Cold Mountain*）。

1990 年，徐忠杰翻译出版《唐诗二百首新译》。

1992 年托尼·巴恩斯通（Tony Barnstone）和威利斯·巴恩斯通（Willis Barstone）翻译出版 *Laughing Lost in the Mountains: Poems of Wang Wei*。

1989 年，大卫·辛顿（David Hinton）翻译出版《杜甫诗选》（*The Selected Poems of Tu Fu*）。1996 年翻译出版《李白诗选》（*The Selected Poems of Li Po*）。1997 年出版《孟郊后期诗集》（*The Late Poems of Meng Chiao*）。1999 年翻译出版《白居易诗选》（*The Selected Poems of Po Chü-i*）。2003 年出版《山居：古中国山野诗集》（*Mountain Home: The Wilderness Poetry of Ancient China*），收录李白、杜甫、白居易等人作品译文。2004 年翻译出版 *The Mountain Poems of Meng Hao-Jan*。

1997 年，王大濂翻译出版《英译唐诗绝句百首》（*100 Quatrains by the Tang Poets*）。

1997 年，孙大雨翻译出版《古诗文英译集》（*The English Translation of An Anthology of Ancient Chinese Poetry and Prose*），2007 年翻译出版《英译唐诗选》（*An Anthology of the Tang Dynasty Poetry*）。

1998 年，张廷琛翻译出版《唐诗一百首》（ *100 Tang Poems* ）。

1998 年，美国著名汉学家比尔·波特（Bill Porter）等翻译出版 *The Clouds Should Know Me By Now: Buddhist Poet Monks of China* 。2009 年翻译出版 *In Such Hard Times: The Poetry of Wei Ying-wu* 。

1999 年，万昌盛、王僴中翻译出版《中国古诗一百首》（ *A hundred Gems of Ancient Chinese Poetry* ）。

2001 年，杨宪益、戴乃迭翻译出版古诗苑汉英译丛《唐诗》（ *Tang Poems* ）。

2003 年，裘小龙翻译出版《中国古典爱情诗词选（汉英对照）》（ *Classic Chinese Love Poems* ），2010 年翻译出版《经典中国诗词一百首》（ *100 Classic Chinese Poems* ）。

2008 年，龚景浩翻译出版《英译唐诗名作选》（ *A Bouquet of Poems from China's Tang Dynasty* ）。

三、宋词

宋词是宋代盛行的一种中国文学体裁，是一种相对于古体诗的新体诗歌之一。宋词句子有长有短，便于歌唱，因是合乐的歌词，故又称曲子词、乐府、乐章、长短句、诗余、琴趣等，基本分为婉约派（包括花间派）、豪放派两大类。

词有词牌，即曲调。有的词调又因字数或句式的不同有不同的"体"。比较常用的词牌约 100 个，如《水调歌头》《念奴娇》《如梦令》等。词的结构分片或阕，不分片的为单调，分两片的为双调，分三片的称三叠。

1878 年，Jean Elizabeth Ward 出版 *Li Ch'ing-Chao: Remembered* 。

1931 年，Cyril Drummond 出版《苏东坡作品选》（ *Selections From the Works of Su Tung-PO* ）。

1962 年，Vincent McHugh 和 C.H. Kwock 翻译出版了 *The Lady and the Hermit: 30 Chinese Poems* ，

1965 年，Alan Ayling 和 Duncan Mackintosh 翻译出版《中国诗词英译 / 宋词》（ *Further Collection of Chinese Lyrics* ）。

1965 年，美国学者华兹（Burton Watson）翻译出版 *Su Tung-Po: Selections From a Sung Dynasty Poet; Su Tung-Po* ，1973 年翻译出版《随心所欲一老翁：陆游诗文选》（ *The Old Man Who Does AS He Pleases: Selections from the Poetry* and Prose of Lu Yu）。1984 年翻译出版 The Columbia Book of Chinese Poetry，翻译了从公元前 7 世纪到宋朝末年 76 位诗人 420 篇作品。

1979 年，Shih Shun Liu 翻 译 出 版 Chinese Classical Prose: The Eight Masters of the T'Ang-Sung Period（A Renditions book）。

1979 年，王红公（Kenneth Rexroth）和钟玲（Ling Chung）翻译出版《李清照诗词全集》（Li Ch'ing-chao : Complete Poems ）。

1980 年，Catherine Cleeves Diamond 翻 译 出 版 Selected T'zu Poems of Li Ching-chao。

1982 年，许渊冲翻译出版《苏东坡诗词新译》，1996 年，他翻译的《宋词三百首》（300 Song Lyrics）出版，2001 年翻译出版《许渊冲经典诗歌英译1 000 首宋词》（上、下）。

1984 年，Ronald C. Egan 翻译出版《欧阳修文学作品集》（The literary works of Ou-yang Hsiu）。

1984 年，James Cryer 翻译出版 Plum Blossom: Poems of Li Ch'ing-Chao（English and Chinese Edition）。

1987 年，Greg Whincup 翻译出版 The Heart of Chinese Poetry: Fifty-Seven of the Best Traditional Chinese Poems in a Dual-Language Edition。

1997 年，Julie Landau 翻 译 出 版 Beyond Spring: T'Zu Poems of the Sung Dynasty。

1998 年，林孔辉（Line Kong-hui）翻译出版《唐宋词英译及鉴赏》（A Translation and Appreciation of selected and Tangible and Song Ci-poems）。

2003 年，美国著名汉学家 Bill Porter（Red Pine ）翻译出版《千家诗》（Poems of the Masters: China's Classic Anthology of Tang and Sung Dynasty Verse ）。

2004 年，齐皎瀚（Jonathan Chaves）翻译出版 Heaven My Blanket, Earth My Pillow: Poems from Sung Dynasty China by Yang Wan-Li（Companions for the Journey）。

2008 年，Yee Kingman 翻译出版 English Translation Of 100 Chinese Tang Sung Dynasty Poems。

2012 年，张畅繁（Edward C. Chang）翻译出版《唐宋词双语析赏》（The Best Chinese Ci Poems: A Bilingual Approach to Interpretation and Appreciation）。

四、元曲

元杂剧和散曲合称为元曲，杂剧是戏曲，散曲是诗歌，属于不同的文学体裁，但也有相同之处，即两者都采用北曲为演唱形式，因此，散曲、剧曲又称为乐府。散曲是元代文学主体，不过，元杂剧的成就和影响远远超过散曲，因此也有人以"元曲"单指杂剧，元曲也即"元代戏曲"。

1816 年，德庇时（John Francis Davis）翻译武汉臣作品《散家财天赐老生儿》（*An Heir in His Old Age, A Chinese Drama*）。1829 年，他又翻译了马致远的《汉宫秋》（*The Sorrows of Han: A Chinese Tragedy*）。

1935 年，熊式一（S. I. Hsiung）翻译出版王实甫的《西厢记》（*The Romance of the Western Chamber, Hsi Hsiang Chi, A Chinese Play Written in Thirteenth Century*）。

1958 年，杨宪益和戴乃迭翻译出版《关汉卿戏曲选》（*Selected Plays of Kuan Han-ching*）。

1965 年，白之（Cyril Birch）编纂出版《中国文学选集——从先秦到十四世纪》（*Anthology of Chinese Literature, from early times to the fourteenth century*），其中收录凯内（Donald Keen）翻译的《汉宫秋》和柯润璞（James I. Crump Jr.）翻译的《李逵负荆》。1976 年，白之翻译出版《桃花扇》（*The Peach Blossom Fan*）；1980 年，白之翻译出版《牡丹亭》（*The Peony Pavilion: Mudan ting*）；2001 年，他翻译出版《娇红记》（*Mistress and Maid*）。

1972 年，刘荣恩（Liu Jung-En）翻译出版《六部元杂剧》（*Six Yuan Plays*）。

1978 年，海登（George A. Hayden）翻译出版《中国中世纪戏曲中的罪与罚——三部包公戏》（*Crime and Punishment in Medieval Chinese Drama: Three Judge Bao Plays*），收录《陈州粜米》、《盆儿鬼》和《后庭花》。

1995 年，悉如谷和依维德（Stephen H. West & Wilt L. Idema）翻译出版英文版《西厢记》（*The Story of the Western Wing*）。2010 年翻译出版 *Monks, Bandits, Lovers, and Immortals:Eleven Early Chinese Plays*，收录了关汉卿的《感天动地窦娥冤》（*Moving Heaven and Shaking Earth: The injustice to Dou E*）、《包待制三勘蝴蝶梦》（*Rescriptor-in-Waiting Bao Thrice Investigates the Butterfly Dream*）、《闺怨佳人拜月亭》（*A Beauty Pining in Her Boudior: The Pavilion for Praying to the Moon*），马致远的《破幽梦孤怨汉宫秋》（*Breaking* a Troubling Dream: A Lone Goose in Autumn over the Palaces of Han），白朴的《唐明皇秋夜梧桐雨》（The Autumn Nights of the Lustrous Emperor of Tang: Rain on the Wutong Tree），郑光祖的《迷青琐倩女离魂》（Dazed behind the Green Ring Lattice: Qiannu's Soul Leaves Her Body），李行道的《包待制智勘灰阑记》（Rescriptor-in-Waiting Bao's Clever Trick: The Record of Chalk Circle）等。2012 年编译出版 Battles, Betrayals, and Brotherhood: Early Chinese Plays on the Three KIngdoms，收录关汉卿的《关大王独赴单刀会》（The Great King Guan and the Single Sword Meeting）、《关张双赴西蜀梦》（In a Dream Guan and Zhang, A Pair, Rush to Western Shu）等七部作品。2014 年翻译出版 The Orphan of Zhao and Other Yuan Plays:The Earliest Known versions，收录了《冤报冤赵氏孤儿》（The Orphan of Zhao Greatly Wreaks Vengeance）、《承明殿霍光鬼谏》（Huo Guang Remonstrates as a Ghost）等七部元戏曲。

2009 年，许渊冲翻译出版《元曲三百首》（中英文对照）。

2012 年，Zhang Guang-qian 翻译出版 Selected Plays from the Yuan Dynasty，收录了《秋胡戏妻》（Qiu Hu Attempts to Seduce His Wife）等八部元曲作品。

2013 年，王宏印翻译出版《英译元曲百首》。

2014 年，夏志请（C.T. Hsia）、李惠仪（Wai –Yee Li）和高克毅（George Kao）翻译出版《哥伦比亚元曲选集》（The Columbia Anthology of Yuan Drama），收录了白朴的《裴少俊墙头马上》（On Horseback and Over the Wall）等十部作品。

第三节　汉语古典小说及其英译

一、《红楼梦》

《红楼梦》又名《石头记》《金玉缘》，章回体长篇小说，作者为清代作家曹雪芹，中国古典四大名著之首。全书分为 120 回"程本"和 80 回"脂本"两种版本系统，程本为程伟元排印的印刷本，脂本为脂砚斋在不同时期抄评的早期手抄本，脂本是程本的底本。

《红楼梦》以贾、史、王、薛四大家族的兴衰为背景，以贾府的家庭琐事、闺阁闲情为脉络，以贾宝玉、林黛玉、薛宝钗的爱情婚姻故事为主线，刻画了以贾宝玉和金陵十二钗为中心的正邪两赋有情人的人性美和悲剧美。通过家族悲剧、女儿悲剧及主人公的人生悲剧，揭示出封建末世危机。

1830 年，英国皇家学会的戴维斯（J.F. Davis）翻译了《红楼梦》的片段。

1846 年，英国领事罗伯特（Robert Tom）在《官话汇编》（*The Chinese Speaker*）上发表了《红楼梦》节选片段英文译文。

1848 年，美国汉学家卫三畏（Samuel Wells Williams）在《中国总论》（*The Middle Kingdom*）中论及《红楼梦》。

1868 年，英国人波拉（E.C. Bowra）翻译了《红楼梦》前八回，发表在《中国杂志》（*China Magazine*）上。

1885 年，英国人翟里斯（Herbert Allen Giles）翻译的《红楼梦》部分章节发表于《皇家亚洲文会北中国支会会报》（*Journal of the North China Branch of the Royal Asiatic Society*）。

1892 年，英国驻澳门领事馆副领事赫·本克拉夫特·乔利（H. Bencraft Joly）出版了《红楼梦》1~56 回的译本，译名 *The Dream of the Red Chamber*。

1927 年，王良志出版《红楼梦》节译本，全书共计 95 章。

1929 年，纽约道布尔戴出版公司（New York: Doubleday）和伦敦劳特莱基出版公司（London: G. Routledge）出版了王际真翻译的《红楼梦》节译本共计 39 章。

1958 年，纽约特怀恩出版公司（New York: Twayne Publishers）出版王际真《红楼梦》增订节译本，计 60 章，译名 *Dream of the Red Chamber*。

1958 年，佛罗伦斯和麦克休姐妹（Frorence McHugh & Isabel McHugh）合译的《红楼梦》（*The Dream of The Red Chamber*）在伦敦出版，本书由德文版转译。

1973—1986 年，英国企鹅出版社（Penguin Books Ltd.）陆续出版了大卫·霍克斯和约翰·闵福德（David Hawks & John Minford）的《红楼梦》120回全译本，译名 *The Story of the Stone*。

1978 年，中国外文出版社出版发行杨宪益和戴乃迭翻译的《红楼梦》英文全译本，译名 A *Dream of Red Mansions*。

英国传教士邦斯尔神父（the Reverend Bramwell Seaton Bonsall）的译本在20 世纪 50 年代末完成，但由于市场因素，曾经答应出版译文的纽约亚洲学会放弃了出版计划。直到 2004 年 7 月，香港大学图书馆发布了邦译的完整打字机打印修订稿电子版，译名 *The Red Chamber Dream*。

二、《三国演义》

《三国演义》是中国第一部长篇章回体历史演义小说，全名为《三国志通俗演义》（又称《三国志演义》），作者为元末明初的著名小说家罗贯中。《三国志通俗演义》成书后有嘉靖壬午本等多个版本传于世，到了明末清初，毛宗岗对《三国演义》整顿回目、修正文辞、改换诗文。

《三国演义》描写了从东汉末年到西晋初年近百年的历史风云，以描写战争为主，诉说了东汉末年的群雄割据混战和魏、蜀、吴三国之间的政治和军事斗争，最终司马炎一统三国、建立晋朝的故事，概括了这一时代的历史巨变，塑造了一批叱咤风云的英雄人物。

1820—1821 年，汤姆斯（P. P. Toms）翻译的《三国演义》的第一回至第九回的片段译文载于《亚洲杂志》，译名为《著名丞相董卓之死》（*The Death of the Celebrated Minister Tung-cho*）。

1849 年，威廉姆斯（S. W. Williams）翻译《三国演义》片段，载于《中国丛报》（Chinese Repository），译名为《三结义》（*Oath Taken by Members of the Triad Society*）。

1876—1879 年，斯坦特（G. C. Stent）摘取《三国演义》中关于诸葛亮的部分内容进行翻译，译名为《孔明的一生》（*Brief Sketches from the Life of Kung Ming*）。

1848—1900 年，翟理思（H. A. Giles）陆续翻译《三国演义》片段，译名为《宦官劫持皇帝》（*Eunuchs Kidnap and Emperor*）、《战神》（*The God of War*）、《华医生》（*Dr. Hua*）。

1905 年，斯蒂尔（John G. Steele）翻译了《三国演义》其中的一个章节用于外国人学习汉语，译名为《第一才子书：三国演义第四十三回》（*The 43rd Chapter the Three Kingdom Novel*）。

1976 年，莫斯·罗伯茨（Moss Roberts）整理选译《三国演义》合计 46 回，译名为《三国：中国的壮丽戏剧》（*Three Kingdoms: China's Epic Drama*）。

1981 年，杨宪益和戴乃迭翻译并出版了《三国演义》中的《赤壁之战》（*The Battle of the Red Cliff*），为原著的 43~50 回。

阿兰特（C. Arendt，1886 年）、爱德华兹（E. D. Edwards，1902 年）、潘子延（Z.Q. Parker，1925 年）、波特（F. L. Hawks Pott，1902 年）、沃纳（E. G. Werner，1927 年）、贾尔斯（L. Giles，1938 年）、张慧文（Cheung Yik-man，

1972 年）等也翻译了《三国演义》片段。

另外，1869 年，亚历山大（G. G. Alexander）将《三国演义》中和貂蝉有关的故事改译成五幕剧《貂蝉》（*Teaou-shin, a Drama from the Chinese, in Five Acts*）；1937 年，阿灵顿（L. G. Arlington）和艾克顿（Harold Acton）改编翻译《三国演义》部分情节，收录在《戏剧精华》。

目前《三国演义》的英文全译本有三个。

第一个全译本由英国汉学家泰勒（C. H. Brewitt-Taylor）翻译，译名 *Romance of Three Kingdoms*，1925 年出版，后由 Roy Andrew Miller 补充部分解读材料并于 1959 年再版。

第二个全译本由美国汉学家罗慕士（Moss Roberts）翻译，译名 *Three Kingdoms*，1992 年在美国出版，1995 年由北京外文出版社在中国首次出版。

第三个全译本由华东师范大学的虞苏美教授翻译，罗纳德·C·艾弗森（Ronald C. Iverson）审订，译名 *The Three Kingdoms*，合计三卷，国外由 Tutttle Publishing 出版发行，国内由上海外语教育出版社发行。

三、《水浒传》

《水浒传》是中国历史上最早用白话文写成的章回小说之一，也是汉语文学中最具备史诗特征的作品之一。明朝万历二十二年（1594），福建建阳余象斗双峰堂刊本《京本增补校正全像忠义水浒志传评林》，题罗贯中编集；明万历四十二年（1614），袁无涯刊《忠义水浒全传》120 回本署名是"施耐庵集撰、罗贯中篡修"；明万历三十年（1602）前后，容与堂刻本《水浒传》署名是"施耐庵撰，罗贯中篡修"。

全书描写了北宋末年朝政腐败，官府无道，民不聊生，许多正直善良的人被迫奋起反抗，一场轰轰烈烈的农民起义由发生、发展走向失败的故事，深刻揭示了起义的社会根源，满腔热情地歌颂了起义英雄的反抗斗争和他们的社会理想。

1872-1873 年，香港《中国评论》（*China Review & Queries*）刊载《一个英雄的故事》（*The Adventures of a Chinese Giant*），内容根据林冲的故事编译。

1923 年，翟理思（H. A. Giles）根据《水浒传》中鲁智深大闹五台山的故事改译的译文被收录在《中国文学史》（*A History of Chinese Literature*）。

1959 年、1963 年，《中国文学》（*Chinese Literature*）分别刊载沙博理（Sidney Shapiro）翻译的《水浒传》部分章回，译名分别为《水浒的叛逆者》

（*Outlaws of Marshes*）《水浒英雄》（*Heroes of the Marshes*）。

1965 年，白之（Cyril Birch）翻译的《水浒传》第十四至第十六回的译文被收录在《中国文学选集》（*Anthology of Chinese Literature*），译名为《智取生辰纲》（*The Plot against the Birthday Convoy*）。

《水浒传》已经有五个较全的英语译本。

第一个译本由德文转译，译者为英国汉学家邓洛普（Geoffery Dunlop），译名为《强盗与士兵：中国小说》（*Robbers & Soldiers: A Chinese Novel*），全书 70 回，出版时间为 1929 年。

第二个译本由美国学者赛珍珠（Pearl S. Buck）翻译，合计 70 回，译名为《四海之内皆兄弟》（*All Men Are Brothers*），1933 年出版。

第三个译本由英国学者杰克逊（J. H. Jackson）翻译，全书分两卷，合计 70 回，译名为《水浒》（*The Water Margin*），1937 年由商务印书馆出版。

第四个译本由中籍美人沙博理（Sidney Shapiro）翻译，共三卷，合计 100 回，译名为《水浒的叛逆者》（*Outlaws of the Marsh*），1980 年出版。

第五个译本由英国学者登特—杨父子（Alex and John Dent-Young）翻译，合计 120 回，译名为 *The Marshes of Mount Liang*，1994 年到 2002 年由香港中文大学陆续出版，2011 年上海外语教育出版社引进。

四、《西游记》

《西游记》是中国古代第一部浪漫主义章回体长篇神魔小说。现存明刊百回本《西游记》均无作者署名。清代学者吴玉搢等首先提出《西游记》作者是明代吴承恩。

这部小说以"玄奘西行"这一历史事件为蓝本，通过作者的艺术加工，深刻地描绘了当时的社会现实。全书主要描写了唐僧、孙悟空、猪八戒、沙僧、白龙马师徒五人，西行取经，一路降妖伏魔，经历了九九八十一难到达西天见到如来佛祖，最终五圣成真的故事。

1895 年，塞缪尔·I. 伍德布里奇（Samuel I. Woodbridge）根据《西游记》两个回目内容改编的译文出版，译名为《金角龙王，皇帝游地府》（*The Golden-Horned Dragon King, or the Emperor's Visit to the Spirit World*）。

1900 年，翟理思（H. A. Giles）编辑的《中国文学史》（*A History of Chinese Literature*）收录其翻译的《西游记》第九十八回部分内容译文。

1913 年，理查德（Timothy Richard）翻译出版《圣僧天国之行》（*A

Mission to Heaven），前七回为全译本，后面为选译文。

1921 年，卫礼贤（Richard Wilhelm）翻译出版《中国神话故事集》（*The Chinese Fairy Book*）收录《西游记》部分章节译文，译名为《杨二郎》（*Yang Oerlang*）《江流和尚》（*The Monk of the Yang Tze-kiang*）《心缘孙悟空》（*The Ape Sun Wu Kung*）等。

1930 年，海斯（Helen M. Hayes）翻译出版《西游记》节译本，译名为《佛教徒的天路历程：西游记》（*The Buddhist Pilgrim's Progress: The Record of the Journey to the Western Paradise*）。

1946 年，高克毅编辑的《中国的智慧与幽默》（*Chinese Wit and Humor*）收录王际真《西游记》的前七回译文。

1961 年、1966 年，杨宪益和戴乃迭合译的《西游记》部分章节发表于《中国文学》杂志。

1964 年，乔治·瑟内尔（George Theiner）在伦敦出版《猴王》（*Monkey King*），本书依据《西游记》捷克文转译。

截至目前，《西游记》有三个主要英语译本。

第一个译本由阿瑟·韦利（Arthur Waley）翻译，选译的内容为原书的第一至第十五回、第十八至十九回、第二十二回、第三十七至三十九回、第四十四至第四十九回、第九十八至一百回，共 30 回，译为 *Monkey: A Folk Tale of China*，1942 年出版。该译本的再版名分别为 *Adventures of the Monkey God, Monkey to the West, The Adventures of Monkey*，儿童版的英文名为 *Dear Monkey*。

第二个译本由美籍华人、美国艺术与科学学院（AAAS）院士余国藩（Anthony C. Yu）翻译，共分四卷，译名为 *The Journey to the West*，1977—1983 年出版，2012 年修订再版。

第三个译本由英国汉学家詹纳尔（William John Francis Jenner）翻译，全书分三卷，再版时分为四册本和六册本，译名为 *Journey to the West*，1983—1984 年由我国的外文出版社出版。

五、《金瓶梅》

《金瓶梅》是中国第一部文人独立创作的长篇白话世情章回小说，成书时间约在明朝隆庆至万历年间，作者署名兰陵笑笑生。《金瓶梅》题材由《水浒传》中武松杀嫂一段演化而来，通过对兼有官僚、恶霸、富商三种身份的市侩势力的代表人物西门庆及其家庭罪恶生活的描述，体现当时民间生活的面貌，描绘了一个上至朝廷内擅权专政的太师，下至地方官僚恶霸乃至市井间的地痞、流氓、宦官、帮闲所构成的鬼蜮世界。

1927 年，《金瓶梅》英文节译本《金瓶梅，西门庆的故事》（*Chin Ping Mei, The Adventures of Hsi Men Ching*）在纽约出版。

1939 年，伯纳德·米奥尔（Bernard Miall）将德国汉学界的奇才弗兰茨·库恩（Franz Kuhn）的节译本改编翻译成英文版，译名 *Chin P'ing Mei: The Adventurous History of Hsi Men and His Six Wives*，节选《金瓶梅》部分章节，全书 49 章，著名汉学家阿瑟·韦利（Arthur Waley）署名推荐。

《金瓶梅》第一个全译本由英国翻译家克莱门特·艾支顿（Clement Egerton）翻译，合计四卷本，译名 *The Golden Lotus*，1939 年出版，翻译底本来自崇祯本，中国作家老舍曾协助翻译。

第二个全译本由华裔美国人、芝加哥大学教授芮效卫（David Roy）翻译，全书共五卷，翻译的底本来自词话本，译名为 *The Plum in the Golden Vase*，1993 年起陆续出版。

六、《聊斋志异》

《聊斋志异》简称《聊斋》，俗名《鬼狐传》，是中国清朝著名小说家蒲松龄创作的文言短篇小说集。《聊斋志异》的意思是在书房里记录奇异的故事，"聊斋"是他的书斋名称，"志"是指记述，"异"是指奇异的故事，全书共有短篇小说 490 余篇。

1842 年，德国传教士郭士立（Karl Friedlich Gutzlaff，也译作郭实腊）在当时的《中国丛报》（*Chinese Repository*）发表了（*Extraordinary Legends from Liau Chai*），翻译了《聊斋志异》中的九个故事。

1848 年，美国传教士卫三畏（Samuel Wells Williams）在其汉学著作《中国总论》（*The Middle Kingdom*）中翻译了《聊斋志异》中《种梨》和《骂鸭》两则故事，译名 *Stories from the Pastimes of the Study*。

1867 年，英国外交官梅辉立（William Frederrick Mayers）在《中国与日本问题解答》（*Notes & Queries on China and Japan*）上发表文章 *The Record of Marvels or Tales of Genni*，向英语读者介绍《聊斋志异》和蒲松龄。

1874—1875 年，英国外交官、汉学家阿连壁（Clement Francis Romil Allen）在《中国评论》（*China Review or Notes and Queries on the Far East*）陆续发表了

18 篇《聊斋志异》的故事译文，译名为 *Tales from the Liao Chai Chil Yi*。

1894 年，Maung Gyi J. A. 和 Cheah Toon Hoon 合译《聊斋志异》24 篇作品，译名为《神镜》（*The Celestial Mirror*）。

1907 年，英国汉学家禧在明（Walter C. Hillier）编写了《中文学习指南》（*The Chinese Language and How to Learn it : A Manual for Beginners*），其中收录了他翻译的 13 个《聊斋志异》故事。

1914 年，华尔特（Hillier Walter）翻译的十四篇《聊斋志异》故事的英文版并载于《中国语文》（*Chinese Language*）。

1927 年，德国汉学家卫礼贤（Richard Wilhelm）翻译出版《中国神话故事集》（*The Chinese Fairy Tales*），收录 9 篇《聊斋志异》故事译文。

1937 年，美国儿童文学作家卡彭特（Frances Carpenter）翻译出版了《中国奶奶讲故事》（*Tales of a Chinese Grandmother*)，有 3 个故事来自《聊斋志异》。

1944 年，俄国汉学家布兰特（J. Brandt）在汉语学习教材《汉文进阶》（*Introduction to Literary Chinese*）中翻译并收录了 5 篇《聊斋志异》英文译文。

1976 年，本杰明（Benjamin Chia）的译著《蒲松龄：中国奇异故事选》在牛津大学出版社出版。

潘子延（1933）、于范琴（1957）、杨宪益和戴乃迭（1962）、刘绍铭（1978）、莫若强、莫遵中、莫遵均（1988）、丁往道（1995）、吴燕娜（1995）、蒋兴珍（2005）、宋德利（2008）等翻译了部分《聊斋志异》。

《聊斋志异》第一个比较完整的英文译本由英国汉学家翟理斯（Herbert A. Giles）翻译，他选取了《聊斋志异》中的 164 则故事，译名 *Strange Stories from a Chinese Studio*，于 1880 年出版。

第二个译本由乔治·苏利耶（George Soulie）翻译，译名为 *Strange Stories from the Lodge of Leisure*，翻译《聊斋志异》中的 25 篇作品，于 1913 年出版。

第三个译本由邝如丝翻译，译名为《中国鬼魂和爱情故事》（*Chinese Ghost and Love Stories*），包含了《聊斋志异》40 篇作品，于 1946 年出版。

第四个译本由卢允中、陈体芳、杨立义、杨之宏翻译，选译了《聊斋志异》中 50 篇故事（后增加了 34 篇），译名 *Strange Tales of Liao Zhai*，于 1982 年出版。

第五个译本由美国汉学家梅丹理（Denis C. Mair）和梅维恒（Victor H. Mair）翻译，内容包括《聊斋志异》51 篇故事，译名 *Strange Tales from Make-do Studio*，于 1989 年出版。

1997 年，人民中国出版社出版了《聊斋志异》英文版 3 卷本，译名为

Strange Tales from the Liaozhai Studio，合计收录 194 篇聊斋故事。

　　第七个译本由王娟翻译，包括 51 篇《聊斋志异》故事，译名为 *Passages from Strange Stories of Liao Zhai*, 于 1998 年出版。

　　第八个译本由闵福德（John Minford）翻译，选择 104 篇聊斋故事，译名为 *Strange Tales from a Chinese Studio*，于 2003 年出版。

　　第九个译本由宋贤德（Sidney L. Sondergard）翻译，合计四卷，译名为 *Strange Tales from Liaozhai*，2008 年起陆续出版。

七、《儒林外史》

　　《儒林外史》的作者为清代吴敬梓，全书 56 回，以写实主义描绘各类人士对于"功名富贵"的不同表现，真实地揭示了人性被腐蚀的过程和原因，对当时吏治的腐败、科举的弊端、礼教的虚伪等进行了深刻的批判和嘲讽。这部小说代表着中国古代讽刺小说的高峰，开创了以小说直接评价现实生活的范例。

　　1939 年，葛传椝教授翻译《儒林外史》第一回，发表于美国芝加哥大学出版社出版的《英文杂志》。

　　1940 年，徐成斌（Hsu Chen-ping）节译《儒林外史》第五十五回，发表于《天下月刊》，题目是《四位奇人》（*Four Eccentrics*）。

　　1946 年，王际真（Wang Chi-chen）节译的《儒林外史》第二回和第三回被《中国智慧与幽默》收录，译文名为《两学士中举》（*Two Scholars Who Passed the Examination*）。

　　1973 年，张心沧（Chang Hsin-chang）节译《儒林外史》第三十一回和第三十二回，收录在《中国文学：通俗小说与戏剧》（*Chinese Literature: Popular Fiction and Drama*），译文名为《慷慨的年轻学士》（*Young Master Bountiful*）。

　　《儒林外史》的唯一英文全译本由杨宪益、戴乃迭夫妇合译，译名为 *The Scholars,* 全书合计 55 回，1957 年由中国外文出版社出版。

八、《老残游记》

　　《老残游记》是清末文学家刘鹗的代表作，这篇小说以一位走方郎中老残的游历为主线，对社会矛盾开掘很深，尤其是他在书中敢于直斥清官（清官中的酷吏）误国，清官害民，独具慧眼地指出清官的昏庸常常比贪官更甚。

　　1929 年，阿瑟·韦利（Arthur Waley）翻译的《老残游记》第二回载于《亚洲》（Asia）杂志，译名为《歌女》（*The Singing Girl*）。

1936 年，林语堂翻译的《老残游记续集》前六回出版，译名为《泰山的尼姑及其他》（*A Nun of Taisha and Other Tanslations*）。

1939 年，林疑今（Lin Yi-chin）和葛德顺（Ko Te-shun）合译的《老残游记》二十回全译本出版，英文书名为 *Tramp Doctor's Travelogue*。

1947 年，杨宪益和戴乃迭翻译出版《老残游记》全译本，英文书名为 *Mr Decadent Liu Ngo*。

1952 年，沙迪克（Harold E. Shadick）的《老残游记》（*The Travel of Lao Ts'an*）全译本出版。

第四节　汉语科技典籍及其英译

中国科技典籍门类繁多、浩如烟海，包括中医典籍、数学典籍、农学著作、天文典籍、物理典籍、化学典籍、地学典籍、生物典籍、技术典籍和综合典籍等十大领域。古代科技典籍有两类文本，一类为科技专著，如《伤寒论》《黄帝内经》《天工开物》《本草纲目》《齐民要术》《茶经》等；另一类为《梦溪笔谈》《山海经》之类的科学文学杂集。

中国科技典籍作品的翻译与翻译研究相对滞后，一方面是因为大多数的科技典籍有多个流传版本且内容也并不完全相同；另一个更重要的原因是缺乏专业典籍英译人才，科技典籍英译不仅需要译者精通古文、英文，还需要相关深度的科技知识。因此，目前古代科技典籍的英译本数量很少，主要有医学典籍、地学典籍和农学典籍等。

一、《黄帝内经》

《黄帝内经》简称《内经》，是中国现存最早的一部医学典籍，是黄帝及其臣子岐伯、雷公、鬼臾区、伯高等论医之书。战国时代，《黄帝内经》撰成之初，有《黄帝脉书》《扁鹊脉书》等 20 余种单行本。西汉后期，刘向、刘歆父子校书，始由李柱国等校定为《黄帝内经》十八卷。东汉初，班固将这些医籍载入《汉书·艺文志》。东汉末，张仲景撰《伤寒杂病论》、魏末皇甫谧撰《针灸甲乙经》时，《汉书·艺文志》的十八卷本《黄帝内经》传本丢失，被分割为《素问》《九卷》（或《针经》）两书，而且"亦有所亡失"。

《灵枢》最早称《针经》。南宋初期，《灵枢》和《针经》各种传本均失传。

绍兴二十五年（1155），史崧将其家藏《灵枢》九卷八十一篇重新校正，扩展为二十四卷，附加音释，镂版刊行，成为现存最早和唯一行世的版本，一再印行，流传至今。

《素问》，在汉魂、六朝、隋唐各代皆有不同传本，主要有两个传本，① 齐梁间（公元 6 世纪）全元起注本是最早的注本，但当时其中的第六卷已亡佚，实际只有八卷。这个传本至南宋以后失传。② 唐代王冰注本。唐代宝应元年（762），王冰以全元起注本为底本注《素问》，将已亡佚的第七卷以七篇"大论"补入，到北宋的嘉祐和治平年间，设校正医书局，林亿等人在王冰注本的基础上进行校勘，定名为《重广补注黄帝内经素问》，形成今天的流行的《黄帝内经·素问》，合八十一篇二十四卷。

现行版本的《黄帝内经》包括《灵枢》和《素问》两部分，各卷 81 篇，共 80 余万言。《黄帝内经》的著成标志着中国医学由经验医学上升为理论医学，是中国影响极大的一部医学著作，被称为医之始祖。古今中外，很多翻译家对其进行过研究和探索，留下了众多的译本。

1925 年，德国人珀西·米勒德·道森在《医学史年鉴》（*Annuals of Medical History*）杂志上发表论文《素问：中医之基》（*Su-wen, the Basis of Chinese Medicine*），这是《黄帝内经》首次以英文形式在国际上正式出现。

1945—1949 年，美国约翰·霍普金斯大学医学史研究所爱尔萨·威斯女士（Ilza Veith）在洛克菲勒基金会（Rockefeller Foundation）的资助下，翻译了《黄帝内经·素问》（*The Yellow Emperor's classic of internal medicine*）第一至第三十四章内容，由威廉姆斯·威尔金斯出版社（Baltimore Williams & Wilkins）出版，1965 年加利福尼亚大学出版社（the University of California Press）修订再版。这是第一部由外国人翻译的较完整的《内经》译本。

1936—1950 年，广州孙逸仙医学院院长黄雯医师翻译了《黄帝内经·素问》前两章，发表在《中华医学杂志》（*Chinese Medical Journal*）上。该译本为首个由华人自己翻译的《黄帝内经》版本（*Neijing, the Chinese Canon of Medicine*）。

1995 年，在美国从事临床中医师工作的倪毛信（Ni MS）在波士顿翻译出版了《〈黄帝内经：素问〉新译释》）（*The Yellow Emperor's Classic of Medicine：A New Translation of the Neijing Suwen with Commentary*）。

1996—1997 年，周春才编文，周春才、韩亚洲、韩轶、侯秀清绘画，王学文、随云翻译，新加坡亚太图书有限公司和国内的海豚出版社先后出版了《黄帝内经：养生图典》（*The Illustrated Yellow Emperor's Canon of Medicine*）。

1973 年，加拿大华裔吕聪明博士（Henry C. Lu）翻译了《黄帝内经·灵枢》（*The Yellow Emperor's Book of Acupuncture*），全书共 365 页，149 节，分前言、正文、附录、索引四部分。

1978 年，吕聪明翻译出版了《黄帝内经·难经合集》（*A Complete Translation of the Yellow Emperor's Classic of Internal Medicine and the Difficult Classic*），由东方文化学院出版社（Academy of Oriental Heritage）出版。

1997 年，中国科学技术出版社出版了吴连胜、吴奇父子翻译的《黄帝内经》（*The Yellow Emperor's Canon Internal Medicine*）中英对照全译本。

2001 年，国内中医师朱明在北京翻译出版了《黄帝内经》（*The Medical Classic of the Yellow Emperor*），由外文出版社出版。

2002 年，华盛顿中医师吴景暖翻译了《黄帝内经·灵枢》（*ling Shu or the Spiritual Pivot*），由夏威夷大学出版社出版。

2003 年，德国医史学家文树德（Paul Ulrich Unschuld）翻译出版了《黄帝内经·素问：古代中国医经中的自然、知识与意象》一书，书后附有《〈黄帝内经·素问〉中的五运六气学说》（*The Doctrine of Five Periods and Six Qi in the Huang Di neijing suwen*）英语译本。

2005 年，李照国教授和刘希茹翻译出版《黄帝内经·素问》（*Yellow Emperor's canon of medicine: plain conversation*）三册，这是国内第一部英汉对照的全译本，被列入《大中华文库》。

2007 年，王钏和王军翻译出版了《灵枢》（*Ling Shu Acupuncture*）。

2008 年，李照国教授和刘希茹翻译出版《黄帝内经·灵枢》三册，由世界图书出版公司发行。

2009 年，中医药典籍英译翻译家罗希文翻译了《黄帝内经》（*Introductory Study of Huang Di Nei Jing*）前二十二章全英译本，由中国中医药出版社发行，文末附有中英术语对照表。

2010 年，江润祥教授（Y．C. Kong）翻译出版了《内经知要》（*Huang Di Nei Jing: Synopsis with Commentaries*）。

2011 年，文树德的《黄帝内经·素问译注》全本英译本出版。

2013 年，吕聪明翻译出版了《〈黄帝内经〉选读》（*Selected Readings from Yellow Emperor's Classics*）。

2014 年，吕聪明翻译出版了《黄帝内经·灵枢》（*Yellow Emperor's*

Classics: Inspirational Resources of Acupuncture）。

2015 年，英国理查德·波特斯琴格（Richard Bertschinger ）翻译出版了《中医经典：黄帝内经》（*Essential Texts in Chinese Medicine: the Single Idea in the Mind of the Yellow Emperor*）。

二、《伤寒论》

《伤寒论》为东汉张仲景所撰，十卷，约成书于公元 3 世纪初，共记述 397 法、113 方。该书系统地揭示了外感热病的诊治规律，发展完善了六经辨证的理论体系，奠定了中医临床医学的基础。

现今通行的《伤寒论》版本有两种，一是宋本，即宋治平年间经林亿等人校正的刻本，但宋代原校本现在国内已无保存，现存者只有明万历二十七年（1599 年）刊行的赵开美复刻本，简称赵本，系照宋版本复刻，故十分接近宋本的原貌；二是南宋绍兴十四年（1144 年）由成无己所著的《注解伤寒论》，称为"成注本"，该本经明代嘉靖年间汪济川校定复刻而流行于世，也可称汪校本。

《伤寒论》的英译本直到 20 世纪 80 年代才开始出现。从 1981 至今，共出现了七种《伤寒论》英译本。

1981 年，美国汉方医学研究所创始人许鸿源（Hong-Yen Hsu）翻译出版了《中医的源泉——伤寒论》（*Shang Han Lun: Wellspring of Chinese Medicine*）英译本。

1986 年，中国著名的中医典籍翻译家罗希文翻译出版《伤寒论》[*Treastise of Febrile Diseases Caused by Cold*（*Shang Han Lun*）]，由英国著名汉学家李约瑟先生作序，著名的中医学家任应秋教授写前言。

1988 年，Dean C. Epler, JR 出版了《伤寒论》节译本《中国古代医籍——〈伤寒论〉中的疾病观》[*The Concepts of Disease in an Ancient Chinese Medical Text, the Discourse on Cold-Damage Disorders*（*Shang Han Lun*）]

1991 年，Paul. Lin 和 Lisa Lin 节译《伤寒论》，出版了《医圣张仲景语要——伤寒论·金匮要略》（*The Essentials of Dr. Zhang Zhongjing*）。

1999 年，魏遒杰（Nigel Wiseman ）的译本《伤寒论评释》（*Shang Han Lun-on Cold Damage/Ttranslatio and Commentaries*），由 Paradigm Publication 出版社出版。

2005 年，福建中医学院教授黄海翻译出版了《伤寒论入门》（*Introduction on Treatise on Exogenous Febrile Disease Complied by Huang Hai*）全译本。

2008 年，Greta Young Jie De, Robin Marchment 翻译出版《伤寒论讲解与临床心得》（*Shang Han Lun Explained*），该书包含了《伤寒论》中 398 条原文。

三、《茶经》

《茶经》是唐代"茶圣"陆羽所撰，是世界上第一部茶学巨著。《茶经》分为十个章节，对先唐和唐代时期的茶文化进行了记载，其所涉及方面十分广泛，包括茶文化历史、茶叶种植方式、茶水泡制方式、茶具选用方式、品茗之道、茶文化名人故事、产茶地等内容。《茶经》是我国茶学界的一部核心典籍，对我国茶文化和世界茶文化的发展都有着重要的意义。

《茶经》不仅传承了儒家思想的"度"和道家思想的"道法自然"的理念，还涵盖了佛教思想中的参禅悟道、节俭朴素的理念。

迄今为止，《茶经》已被译为十余种文字，但正式出版的《茶经》英译本却寥寥无几，全译本只有两种。

1935 年，美国学者 William Ukers 在纽约出版的《茶事》（*All about Tea*），其中第二章有《茶经》的节译片段。

1974 年，美国译者弗朗西斯·卡朋特（Francis Ross Carpenter）翻译出版的（*The Classic of Tea: Origins & Rituals*）全译本，收录于英国《大百科全书》（1982 年）。

2001 年，"美国茶圣" James Norwood Pratt 出版著作 *The Art of Tea*，其中第一章的前四节中对《茶经》做了较为详尽的介绍和评述。

2009 年，大中华文库资助出版的大连理工大学姜欣、姜怡教授组织翻译的《茶经》（*The Classic of Tea*）汉英对照全译本。

四、《本草纲目》

《本草纲目》是明代著名医学家、药学家李时珍编写的一部药物学巨著，是对 16 世纪以前中医药学的系统总结，被英国生物学家达尔文誉为"中国古代的百科全书"，是受世界瞩目的伟大著作。

《本草纲目》共 52 卷，分 16 部 60 类，载药 1892 种，附方 11096 个，附图 1110 幅。

《本草纲目》的第一个版本是 1596 年于南京面世的《本草纲目》，世称"金陵版"，此版本为《本草纲目》的初本，以后陆续又出现了许多不同的版本，依据图版的不同划分为江西本、杭州本和合肥本，三个版本皆来源于祖本金陵本，

《本草纲目》问世之后迅速在国外传播开来，成为我国有史以来被译成外文最多的医学著作之一。1606 年，它首传日本和朝鲜。1659 年，波兰人卜弥格首先把《本草纲目》译成了拉丁文，18 世纪，它又陆续被译成了法文、德文、英文等众多版本，其中英文本最多。

1871 年，美国人史密斯（Smith FP）的《中国药料品物略释》（*Contributions towards the Materia Medica & Natural History of China*）由上海华美书馆刊行，其内容大部分来源于《本草纲目》。

1911 年，司徒柯德（Stuart GA）的《中国药物草木部》（*Chinese Materia Medica: Vegetable Kingdom*）采译《本草纲目》中 12~37 卷的药品，卷末附有 366 种尚未考订的药物，并有中文、英文及植物三种索引。

1928—1941 年，伊博恩（Read BE，1887–1949）英译《本草纲目》的 8~37、39~52，总共 44 卷的内容，分期刊行于《北平博物志》（*PNHB: Peking National History Bulletin*）。

2003 年，罗希文 翻译出版《本草纲目全六册英文》（*Compendium of Materia Medica*），这是世界上第一部《本草纲目》的全文英译本。

五、《天工开物》

《天工开物》是 17 世纪明代宋应星所著的一本综合性的科学技术著作，全书 6.2 万字，附图 123 幅，分上中下三卷，计 18 篇。书中详细记述了中国古代在工、农业生产方面的科学技术成就，如饮食、衣服、染色、用具、制盐、制糖、酿造、机械、陶瓷、冶金、车船、矿产、纸墨、药物、燃料、兵器、矿石、珠玉等，各项都有简明的记载和分析，内容丰富，图文并茂。

《天工开物》自问世以来一直受到国内外学术界的重视和赞赏，它首先流传到日本，18 世纪初又流传到了欧洲，19 世纪上半叶，法国汉学家儒莲（Stanislas Julien）将《天工开物》中的《丹青》《五金》《蚕桑篇》部分内容译成法文发表。他的译文随后被转译成英、德、意、俄等多种文字，在欧洲学术界引起很大反响。20 世纪以来，《天工开物》继续受到各国学者的重视，出现了很多节译和全译本。

1948 年，中国近代化学史家李乔苹在美国翻译出版《中国化学史》（*The Chemical Arts of Old China*），包含了《天工开物》的内容，成为系统译介《天工开物》的发端。

1966 年，美籍华裔任以都和孙守全夫妇翻译出版了《天工开物》，书名是

《天工开物：17 世纪的中国工艺学》（*Tien-Kung-Kai-Wu: Chinese Technology in the Seventeenth Century*），由美国宾州大学出版。

1980 年，李乔苹主译的《天工开物》全译本翻译出版，书名《天工开物——17 世纪中国的农业和工业技术》（*Tien-Kung-Kai-Wu: Exploitation of the Work of Nature, Chinese Agriculture and Technology in the XVII Century*），在中国台湾出版。

2011 年，王义静、王海燕和刘迎春教授英译出版了《天工开物》（Tian Gong Kai Wu）（大中华文库译本）。

六、《山海经》

《山海经》是我国古代的一部奇书，包罗万象，囊括了神话、地理、天文、历史、宗教、动植物等内容，是我国古代神话的集大成者，被誉为"中国上古百科全书"。

《山海经》全书约31000字，一共18卷，包含5卷《山经》和13卷《海经》，两部分合起来总称《山海经》。

1891 年，《山海经》最早被翻译成法语。随着外文译本数量的增多，《山海经》英文译本也有所增加，主要有四个英文译本。

1978 年，美国学者约翰·威廉·史福勒尔（John William Schiffeler）翻译的英文节译版《山海经传奇》（*The legendary Creatures of the Shan Hai Ching*）由中国台湾 Hwa Kang Press 出版。

1985 年，郑小杰（Cheng Hsiao-Chieh）翻译出版《山海经》（*Shan Hai Ching: Legendary Geography and Wonders of Ancient China*）。

1999 年，英国著名的汉学家、神话学家和翻译家安妮·比勒尔（Anne Birrel）翻译出版了英文全译本《山海经》（*The Classic of Mountains and Seas*）。

2011 年，王宏主持翻译的大中华文库《山海经》英译本出版。

七、《梦溪笔谈》

《梦溪笔谈》是北宋著名政治家沈括的笔记体裁作品，全书现存 26 卷，609 项条目。《梦溪笔谈》是百科全书式的著作，涉及典章制度、财政、军事、外交、历史、考古、文学、艺术以及科学技术等广阔领域，尤以其科学技术价值闻名于世，内容涉及故事、辩证、乐律、象数、人事、官政、权智、艺文、书画、技艺、器用、神奇、异事、谬误、讥谑、杂志、药议等 17 个门类。

《梦溪笔谈》现存最早的版本是元代大德九年（1305）茶陵陈仁子东山书院版本，现保存在北京图书馆，于 1975 年文物出版社影印出版发行。由于其巨大影响和重要学术价值，《梦溪笔谈》已被先后译成法语、德语、日语、英语等多种文字，但目前只有一本完整的英文全译本，即 2011 年王宏教授翻译出版了《梦溪笔谈》英译全本，由英国帕斯国际出版公司出版发行。

第五节　汉语典籍英译名家评述

中华文明光辉灿烂，汉语典籍是传承这种文化的主要载体。自从新航路开辟，各种文明开始交流、碰撞。陈寅恪认为，文化传承和文化输入息息相关，不可分割，文化史即是文化交流史，也就是翻译史。自从中华典籍西译在 16 世纪末拉开序幕，中国汉语典籍西译的范围从诸子百家作品逐渐扩展到文学和科技等领域，从事汉语典籍翻译的译者也从西方来华传教士、外交官扩展到海内外汉学家、翻译家，关注的核心也逐渐从儒学思想扩大到文化内涵的全方位认知。本节我们选取五位不同时期汉语典籍英译著名译者，简要介绍他们的翻译历程和翻译思想，描绘一个汉语典籍英译的历时框架。

一、理雅各：从传教士到汉学家

理雅各（James Legge）是近代英国著名汉学家，伦敦布道会传教士。他是第一个系统研究、翻译中国古代经典作品的人。理雅各的译著分为两个系列，第一个系列是 1861—1872 年，理雅各陆续出版《中国经典》（*The Chinese Classics*）系列，共 5 卷，所译中国文化典籍包括《论语》《大学》《中庸》《孟子》《尚书》《诗经》《春秋》《左传》等；第二个系列是《东方圣书》（*Sacred Books of the East*），包括《易经》《礼记》等。

理雅各和德庇时（John Francis Davis）、翟理斯（Herbert Allen Giles）并称为 19 世纪英国三大汉学家，德庇时和翟理斯是外交官，理雅各原先是传教士。身份的特殊性或多或少决定了三人翻译中国汉语典籍的原始动力。理雅各认为，从远古开始，中国就已经达到了高度文明的状态，理雅各对之持欣赏和学习态度。1875 年，理雅各成为牛津大学首席汉学教授，工作重心也从宗教传播转到了汉学研究。

理雅各继承了法国汉学家雷慕沙、儒莲等人的传统，是在对中国经典研究的基础上进行汉语典籍英译的。他曾在给友人的一封信中说：

> 对于中国经典，我已经具备将其翻译成英文的中文水平，这得益于我对中国经典超过二十五年的研究工作。这种努力是很必要的，这样，世界其他国家人民就能够了解这个伟大的国家，而且对于我们这个民族中的传教工作，应当有相当的知识储备。包括英文译文和注释的全部儒家经典的出版将极大地促进我们未来的传教工作。

本着以上的翻译目的，理雅各致力于挖掘中国汉语典籍中深刻的文化内涵。作为一位具有严谨的研究精神的汉学家，理雅各在翻译中试图原味呈现作者的思想，不加入自己的主观臆断或一家之言，更多地用中国学者的解读互文呈现原文内涵。如理雅各翻译的《诗经》英文版均附了长篇导论，在译文中加以详尽的注解。在 1871 年版导论的最后，理雅各还列举了他参考的 55 种中文《诗经》集注、选本或音韵等方面的书目，并对它们各自的价值进行了评述。用理雅各自己的话说，他是想"给出一个能忠实于原义的文本，尽可能地不加解释"。参见附录 B。

二、韦利：没到过中国的"中国通"

阿瑟·韦利（Arthur David Waley）被称为没有到过中国的"中国通"，是 20 世纪上半叶英国第二代最杰出的汉学家、中国古典文学的伟大翻译家之一。韦利一生致力于汉籍英译工作，译作涉及先秦诸子散文、先秦汉魏六朝辞赋、《诗经》《楚辞》、古近体歌、文言小说、历史文学及白话小说等广泛的文学领域。

他的成就分为中国诗歌和小说的翻译、中国诗人传记、中国古代哲学思想的译介与研究等三个系列。韦利的诗歌译著包括《中国诗歌》（*Chinese Poems*，1916）、《170 首中国诗》（*A Hundred and seventy Chinese Poems*，1915）、《诗经》（*The Book of Songs*，1937）、《中国诗选》（*Chinese Poems*，1946）、《九歌》（*The Nine Songs*，1955）等；小说的翻译有《西游记》的节译本《猴子》（*Monkey*, 1942）以及《红楼梦》《金瓶梅》《封神演义》等节译本；韦利的文人传记作品有《诗人李白》（*The Poem Li Po A.D.701-762*, 1919）、《白居易生平及时代》（*The Life and Times of Po Chu -1772-846 A.D.*,1949）等；韦利著译的中国古代思想著作包括《论语》（*The Analects of Confucius*，1938）、《道德经》

（*Tao Te Ching*，1934）、《孟子》、《庄子》、《韩非子》、《墨子》等。

　　韦利的汉学生涯开始于 1913 年，他到大英博物馆工作，负责馆藏中绘画作品的整理与编目。为了工作，韦利在熟谙汉文的传教士指导下开始自学研究汉学。1929 年 12 月底，韦利辞掉了工作，开始终其一生的汉学译介与研究，出版了大量译述著作。韦利译著目录的编辑者、英国文献学家佛朗西斯·约翰斯（Franceis Johns）曾经指出，韦利一生始终坚持不把文学与其他学科截然分开，他的著译内容十分广泛，涉及文、史、哲、绘画、音乐等方面，因而韦利的著译对诸学科的研究者是具有参考价值的。韦利一生为沟通中西文化所做出的巨大贡献已为世界学者所公认。

　　韦利在 1918 年版的《170 首中国诗》一书的序言中指出，他意在直译，用散体译诗，强调对原文的遵从。他利用古英语民间诗歌中常用的跳跃性节奏，即突出的重音表示中国五言诗中的五个音节，创造诗歌的韵律效果。他的译文用通俗化的表达方式，与传统诗歌典雅的韵体语言形成明显的差异，给人以焕然一新之感。本着汉学译介传播的目的，作为汉学家和严谨的研究精神，韦利采用了跨学科的方法，从不同角度对中国典籍进行广泛研究。比如，韦利的《九歌》译本包括导论、注释及关于《楚辞》的解说，每首译文附有一篇评注，"是一部包含民族学、诗歌以及历史考察的文化研究"。译文中不但有详细的评注、尾注、脚注，运用一种十分宏观的文化人类学视野，生动传神地表现中国远古的巫文化的起源、流传和本质，揭示《九歌》的原始样貌。韦利使用自由体译诗，以大众的接受为目的，遵循通俗化原则，在力求接近原文风格的同时，尽量使原文通俗易懂（参见附录 C）。

三、杨宪益：翻译了整个中国

　　杨宪益是中国著名翻译家，他的主要译著有《诗经选》《离骚》《史记选》《汉魏六朝小说选》《柳毅传——唐代传奇选》《杜十娘怒沉百宝箱——宋明评话选》《不怕鬼的故事——六朝至清代志怪小说》《儒林外史》《关汉卿杂剧》《长生殿》《牡丹亭》节译、《老残游记》《聊斋选》《红楼梦》《中国古代小说节选——西游记、三国演义、镜花缘》《明代话本选》《唐宋诗文选》《汉魏六朝诗文选》《明清诗文选》《中国古代寓言选》等，还有大量李白、杜甫、王维、温庭筠、李贺、苏轼、陆游等人的诗歌和韩愈、柳宗元等人的散文。

　　杨宪益是将《史记》和《离骚》推向西方世界的第一人，他和夫人合译的《红楼梦》已经成为文学翻译的经典之作。《中国翻译词典》这样评价杨宪益的翻译成就:"自40年代起,他即与夫人密切合作,译出了大量卷帙浩繁的经典名著,将中国丰富的文化遗产逐一向外国推介,同时,因他精通多种外文,又把世界各国的文学瑰宝译介给中国读者,为中外文化交流做出了巨大贡献。"。

杨宪益的翻译之路始终离不开他的妻子——戴乃迭(Gladys B. Tayler),戴乃迭的父亲是一位英国传教士。杨宪益曾说,他和戴乃迭相辅相成,因为各自的文化背景,对汉语原文的理解,戴不及杨;但对英文如何表达,杨却不及戴。他们工作的流程是这样的:杨宪益将汉语翻译成初稿,戴乃迭以英国人的眼光修改英文稿子,最后共同审定。

杨宪益一直强调自己不擅长翻译理论,但也有自己的准则,即忠实原著,翻译力求做到"信、达、雅"。杨宪益认为,"信"与"达"并重,没有孰轻孰重之说。他认为,译者应该努力把自己放到原著的语境中,尽可能忠实于原文的形象;他反对译者过多地解释和创造,更不能凭空臆造。他提出"'雅'只是'达'的一部分,'达'而能'雅',才是真正的'达'"。对于鲁迅和梁实秋就"信"与"达"的辩论,他认为"宁信而不达",还是"宁达而不信",都是错误的。杨宪益认为,若要翻译几百年前的作品,译者就得把自己置身于那一时期,设法体会当时人们所要表达的意思,然后在翻译成英文时,再把自己放在今天读者的地位,这样才能使读者懂得那时候人们的思想。同时,他认为英国翻译家阿瑟·韦利(Arthur Waley)翻译的《诗经》(*The Book of Songs*)过分像英国诗歌,将中国周朝的农民塑造成田园诗中描述的欧洲中世纪农民的形象。

杨宪益对中国传统文化有一种特殊的情结,他认为,中国的东西向外介绍得还远远不够,中国应该把自己的东西向外做更多更全面的介绍。他说,现在国外对中国文化的理解,除了过去一些欧洲人做了些译介之外,中国人自己介绍中国文化到国外还是比较少。

邵燕祥在《读杨诗》一文中说:"中国传统文化之于杨宪益,主要的并不在于从中获得典籍中的知识,而在于得其精神、风骨、节操。他浸润于西方文化多年,我认为同样是得其自由、平等创造的真谛,而不仅表现于译事的信达雅。"

杨宪益和其他的汉语典籍英译的翻译家最大的不同是他在翻译过程中有着强烈的使命感,甚至可以说,他翻译的作品带有民族主义(或者爱国主义)的情结。杨宪益在1940年拒绝哈佛大学的邀请,毅然携戴乃迭回到正处于战乱中的中国,他在晚年时说自己是"半生漂泊假洋人"。杨宪益在后来的采访中说:"我当初为什么回到中国来呢,是因为我是中国人,我根本没有想离开中国。"

他的译著以古典文学为主要翻译材料，以传播中国古典文化为主要翻译任务，侧重中华文化的输出；他设身处地地为读者着想，使汉语典籍获得第二次生命，可以跨越时空概念，与不同时代和不同文化的读者见面；他潜心介绍文化遗产，让中外人民互相了解。

有人说，杨宪益一般采用直译的方法翻译汉语典籍，在某种程度上是因为他珍惜中国传统文化，努力展现中国传统文化的异质性和经典性。他不轻易迎合西方读者，不惜大量采用影响原文阅读的注解，不愿意在翻译过程中随意流失，更不愿意将中国传统文化穿上西方文化的外衣。这一点从他翻译的《红楼梦》和霍克斯版本的对比就可以清晰地看出（参见附录 D）。

四、霍克斯：英国的"红学家"

大卫·霍克斯（David Hawkes），1945 至 1947 年间于牛津大学研读中文，1948 至 1951 年间为北京大学研究生，1959 至 1971 年间于牛津大学担任中文教授，1973 至 1983 年间成为牛津大学 All Souls 学院的研究员。

霍克斯是著名的汉学家，年轻时即翻译《楚辞》（*The Songs of the South*），其著作《杜诗初阶》（*A Little Primer of Tu Fu*）是具有权威性且广为人知的唐诗翻译作品。而他的译作《红楼梦》（*The Story of the Stone*）更是身为翻译家的他的非凡成就。霍克斯的翻译作品还包括《刘知远诸宫调》《李贺诗集》《中国汉魏晋南北朝诗集》《战国策》《陶潜诗集》等。

霍克斯和杨宪益翻译的《红楼梦》在国内外各领风骚，国内外诸多学者研究两个英译本的异同。两人的渊源颇有趣味，杨宪益年轻时到英国牛津大学留学，然后回国；霍克斯在牛津大学研读中文，到北京大学深造，然后回到牛津大学。两位大师均学贯中西，中国传统文化造诣深厚；两人均出生在 20 世纪初，在2009 年离世。但就《红楼梦》翻译而言，二者明显存在以下两个方面的不同。

一是翻译出发点不同。杨宪益在接受采访时坦言自己"不喜欢看《红楼梦》，只读了一半就没看完。"杨宪益翻译《红楼梦》完全是出于组织上的安排和传播民族文化的使命感，他对《红楼梦》也谈不上什么研究，而霍克斯是著名的汉学家、红学家，对于《红楼梦》研究深刻，这点从他翻译的《红楼梦》的洋洋洒洒的介绍部分就可见端倪。为了翻译《红楼梦》，霍克斯不惜辞去牛津大学系主任职务专心在家翻译。霍克斯在 2002 年写给"《红楼梦》翻译全国研讨会"的信中，写道：

I think all of Hongloumeng's translators must first have come under the novel's spell and later embarked on their translation of it from a desire to communicate some of their enchantment to other people.

我认为，所有翻译《红楼梦》的人都是首先被它的魅力所感染，然后才着手翻译它的，祈望能把他们所感受到的小说的魅力传达一些给别人。

二是翻译策略不同。杨宪益反对译者过多创造，强调忠实原文。而在《红楼梦》英译本第一卷的介绍（Introduction）部分最后，霍克斯写道：

In translating this novel I have felt unable to stick faithfully to any single text. I have mainly followed Gao E's version of the first chapter as being more consistent, though less interesting, than the other ones; but I have frequently followed a manuscript reading in subsequent chapters, and in a few, rare instances I have made small emendations of my own. My one abiding principle has been to translate everything-even puns. For although this is, in the sense I have already indicated, an "unfinished"novel, it was written（and written）by a great artist with his very life blood. I have therefore assumed that whatever I find in it is there for a purpose and must be dealt with somehow or other, I cannot pretend always to have done so successfully, but if I can convey to the reader even a fraction of the pleasure this Chinese novel given me, I shall not have lived in vain. In translating this novel I have felt unable to stick faithfully to any single text. I have mainly followed Gao E's version of the first chapter as being more consistent, though less interesting, than the other ones; but I have frequently followed a manuscript reading in subsequent chapters, and in a few, rare instances I have made small emendations of my own.

在翻译这本小说的时候，我感到要忠实地遵从任何一个单独的底本是不可能的。第一回的翻译主要采用高鹗底本，因较之其他底本，它的矛盾要少些，但趣味也少了些。不过在后来的章回中，我不时参照阅读一些抄本，而在极少的几处，我还自作主张做了小小的改动。我遵循的原则之一是把一切都传译出来，甚至双关语。因为，如前所述，虽然这是一部"未完成"的小说，但却是一位伟大艺术家用毕生心血反复修改而就的作品。我因此认为，在文中发现的一切有目的的东西，都必须设法传达出来。我不能说自己始终做得成功，不过，若我能够把这部小说给予我的阅读快感向我的读者传达一二，那么我的此生就算没有虚度了。

霍克斯曾如此评价英国著名汉学家、翻译家、儒家经典《论语》的译者阿瑟·韦利（Arthur Waley）："他不仅属于东方学的世界，亦属于文学的世界。"

英国《卫报》（The Guardian）也将这样的评价给了霍克斯："霍克斯将以其译著《红楼梦》青史留名，这不仅因为他是中国之外最著名的红学家，也由于其灵感与技艺，将原作的真实与诗意双双转换。此时，他已经远远地跨出了中国一地，以自身印证了他对韦利的评价。"

五、许渊冲：诗译英法唯一人

许渊冲被称为"书销中外百余本，诗译英法唯一人"。他是具有国际影响力的中国文学翻译家，尤其是诗歌和小说领域非常重要的翻译理论家和实践家，2014 年获得国际翻译家联盟授予的"北极之光"翻译家奖。他从事翻译七十余年，至今已出版译著 150 余种，是目前中国唯一能在古典诗词和英法韵文之间进行互译的专家。他将自己的翻译生涯总结为"50 年代翻英法，80 年代译唐宋，90 年代领风骚，21 世纪登顶峰"。

许渊冲的作品包括《中诗英韵探胜》（英文）、《中国古诗词三百首》（法文）等，他英译了大量的唐诗、宋词、元曲以及《诗经》《楚辞》《道德经》《论语》《西厢记》等中国文学、文化经典。

1999 年，许渊冲先生发表《译学要敢为天下先》，标志着其翻译理论体系的最终建立。许氏译论体系中提出翻译本体论、认识论、目的论和方法论四大论。许氏译论体系的核心思想是文学翻译是以"知之""好之""乐之"三之为目的，以"等化""浅化""深化"三化为手段，通过优势竞赛再现原文"意美""音美""形美"三美，从而促进文化交流、实现原语译语文化共同提高的再创造活动。

本着以上的翻译体系，许渊冲致力于传播中国古代文化经典，通过翻译为世界文化的发展做出贡献。比如，1994 年，他在由湖南人民出版社出版的汉英对照本《楚辞》的译者前言中，比较了《离骚》和荷马史诗《奥德赛》的不同，建立起高度的文化自觉，以翻译促进跨文化交流，让中国文化走向世界并丰富世界文化。许渊冲的《论语》标题译文《孔子的现代化：大师如是说》（*Confucius Modernized: Thus Spoke the Master*）。他在该英译本中文序言中说："从前有句名言：'半部《论语》治天下'，说的是只需半部《论语》就足够治理天下。到了今天，应该理解为只有半部《论语》可以治国，其他半部已经过时，应该向西方取长补短，使《论语》现代化。"许渊冲在把握全书内容的基础上采用了意译，摆脱原语的形式束缚，用现代英语进行了文化型意译法翻译，发挥了母语理解原文语言和文化的优势，向世界更好地传播中华文化。（参见附录 A）。

第三章　汉语典籍英译策略研究

第一节　文化翻译策略——关联理论视角

一、关联理论

法国人类学家斯博伯（Sperber）和英国语言学家威尔逊（Wilson）从认知角度出发，提出了著名的关联理论，这为探讨语言形式和语用理解之间的关系提供了一个很好的理论框架。关联理论打破了语码模式和推理模式两种不同交际模式的传统隔膜，认为可以将它们结合起来研究语言的使用和理解。编码—解码过程为推理提供证据，尽管是不完全的。

关联理论认为格莱斯（Grice）的合作准则可以被简化为单一的关联原则。该理论认为言语交际是一种明示—推理过程。明示是对说话人而言的，指说话人"明确地向听话人表示意图的一种行为"；推理是对听者而言的，指听者根据说话人所明示的信息，选择认知语境，推断出说话人意图的行为。

关联理论提出了关联认知原则和关联交际原则，分别为：

Human cognition tends to be geared to the maximisation of relevance. （人的认知倾向于追求最大关联。）

Every act of ostensive communication communicates the presumption of its own optimal relevance. （最佳关联推定是以明示方式传递的。）

后来，有关最佳关联的原则被修订为：

The ostensive stimulus is relevant enough for it to be worth the addressee's effort to process it. （相关明示刺激信号具有关联性，值得受讯者付出心力去加工。）

The ostensive stimulus is the most relevant one compatible with the communicator's abilities and preferences. （相关明示刺激信号是与讯递者的能力和偏好相匹配的最为关联的信号。）

二、关联翻译理论

关联翻译理论是德国翻译家厄恩斯特·奥古斯特·格特（Ernst August Gutt）提出的。顾名思义，该翻译模式是建立在关联理论基础之上的。关联翻译理论将翻译看成一个对源语进行阐释的明示—推理活动，是语言交际的一种方式。总的说来，关联翻译理论具有以下特点。

（一）翻译过程的多向化

关联翻译理论将翻译看作一种"三元关系"的明示—推理过程。翻译全过程包含两轮明示—推理过程，涉及三个交际者，即原文作者、译者、译文读者。具体来说，这个三方互动的、认知和推理的交际过程如下：第一个过程是语内明示—推理，译者与讲话人在第一语言（原语）内进行交际，讲话人通过话语向译者传递交际意图，译者根据讲话人话语信息、语境及关联原则对讲话人的意图进行推理，理解首级交际中提供的隐含意义，寻找最佳关联；第二个过程是译者与听者的交际，译者根据讲话信息和讲话人的交际意图，向听者传递信息，听者再对译者提供的信息进行推理，寻找最佳关联。图 3–1 是解释关联翻译理论认为的翻译过程示意图，笔者根据张新红、何自然绘制的原图做了较大改动。

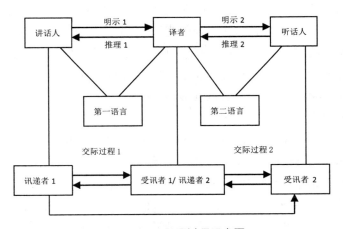

图 3–1　翻译过程示意图

关联理论描述的过程是双向甚至多向互动的，阐释了讲话者、译者、听者在每个过程中的任务目的以及完成任务的方式。假设讲话者用一种语言 L2 说了语句（uttereance）"S"，其意义是合集"I"，而在语言 L2 中可以有多个言语（S1，S2，S3，...）可以表达或部分表达意义合集"I"。

（二）翻译内容的语境化

关联理论认为交际过程中的明示提供了两层意思供人采纳，第一层是已被展示的信息，第二层是告诉我们第一层信息已被有意图地展示了。在一般情况下，认识明示行为背后的意图对有效的信息加工是必要的，要是有人未能意识到这种意图，就可能无法注意关联的信息。关联理论通过传信意图和交际意图来描述说话人在明示—推理交际中向听者显明自己欲显明基本层面信息的意图。传信意图是话语的字面意义或自然意义，它与话语的明示有关，为听者的推理提供直接依据；而交际意图是话语的另一个层次上的意义，与听者话语理解时的推理难易有关。成功的交际最终取决于交际意图的明示和推理。关联翻译理论将翻译定义为一种语际的、文本加语境干预，与原语作者（讲话人）意图和接受语读者（听者）意图建立的关系（接受者意图与讲话者意图的解释性相似）。翻译就是要传达作者／讲话人的意图。

关联理论认为讲话人的传信意图是试图修订听者认知语境的意图，而不是直接修订听者思想的意图。交际意图是使这种意图互显。认知语境包括上下文等语言意义的语境、即时情景等物质语境，也包括个人特定的记忆、经历和对未来的期望所构成的心理语境以及社群知识、百科知识等知识语境。从心理表征的角度看，认知语境是人所调用的定识之集合。讲话人发出新语句带来一个或多个新定识，与听者认知语境中的既有定识发生作用，继而产生语境效果。关联翻译理论和其他大多数翻译理论不同，认为翻译就是要向听众传递讲话人意图而不是意义或思想。意义和意图无所谓出发点或归结点，就整个翻译过程来说，这两者始终是互为一体的。讲话人产生交际意图，在自己的认知语境 1 中生产意义 1，通过话语作用于译者认知语境 2；译者加工出讲话人意图，生产意义 2 承载这种意图，同时通过另一话语作用于听者认知语境 3，听者生产意义 3 并加工出讲话人意图（如图 3-2）。在这个过程中，语境、意义均为可变量，而意图理论上应为定量。

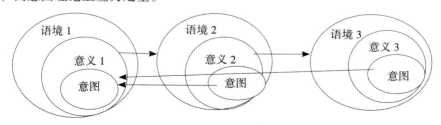

图 3-2　语境、意义和意图

（三）翻译主体的一体化

根据关联翻译理论，译者首先要充当讲话者的受讯者，根据讲话人的明示，推理出讲话人的话语信息和意图，然后再充当讯递者，向听者明示讲话人的信息和意图。关联翻译理论强调的是三方互动的认知推理模式，但译者居中。关联翻译理论更强调翻译的主体间性。

翻译的主体间性深受哈贝马斯交往行为理论的"交往理性"的影响，强调主体间的交往互动。主体间性视角下的翻译不再是译者主体独自面对客体（原作）存在的苦思，而是翻译中各主体以参与者的态度，以平等的身份进入互动中，通过对语言行为的相互理解、沟通、协调，遵守被语言和生活共同体所承认和接受的准则与规范来克服主体间可能的冲突、误解和差异。尹富林认为主体间存在三种具体体现关系，即主体间对话交流关系、主体间转换关系、主体间映射关系。关联翻译理论中主体间的明示－推理过程构成了交流关系；译者相对于说话人的"听者"身份和听者的"说话人"身份构成了转换关系。映射关系是指译者将说话人明示的"源域"根据语境进行推理后映射到"的域"译文中，这其实就是译者的明示过程。映射的效果取决于译者与其他主体的沟通与协调。

关联理论认为关联性和语境效果成正比，和认知、推理努力成反比。语境效果越大，关联度越高，推理时付出的心力越少，关联度越高。当然，也不排除为了增强语境效果而使受讯者付出较多的心力。说话人选择显性表达还是保留隐性内容，取决于他所理解的言者和听者之间的相互理解程度。如果言者对听者认知能力估计过低，可能就会显示过多不必要的信息；反之，则导致信息过少，听者理解言者的话语内容就不得不付出更多不必要的心力，甚至听不懂话语内容。在口译中，言者和听者属于两个不同语言体系，有时一方处于强势，双方交际地位不平等，这种误解是难以避免的。根据关联翻译理论，译者有义务保证他所明示的内容具有关联，产生正面语境效果。处于讲话人和听者两个主体之间的主体译者就有必要发挥其调整功能，去除讲话人的冗余信息，补足不足信息。

胡牧认为，语言是主体间性信息和意义的传递手段，因为语言中包含着生活的意义，是一定的文化传统和价值评价体系的表现。尹富林将文本涉及的源语和译语都列为翻译过程涉及的主体。

关联理论是关于认知交际的理论，但关联理论的翻译观既不是描述的，也不是规范的，而是解释性的。它既不系统地描述翻译活动，也不提出规范性的规则，而是试图理解翻译过程中的相互依赖的关系。

三、关联翻译理论应用实例

英国著名哲学家弗兰西斯·培根曾经说过："谚语可以体现一个民族的创造力，智慧和精神。"谚语反映了民族的历史事迹、自然风貌、文化传统、心理状态、乡土习俗、宗教信仰等方方面面。汉英两个民族作为东西方文明的代表，在以上各方面都存在着本质的区别。因而，最能反映民族文化心理的谚语也存在着不同，试看下面的几个例子。

例1：

a. A smooth sea never makes a skillful mariner. 平静的大海练不出好水手。

b. Heaven's vengeance is slow but sure. 上帝的惩罚是缓慢而肯定的。

c. Human blood is all of a color. 人类血的颜色是一样的。

d. Keep up with the Jones. 赶上富邻居，争比阔绰。

例2：

a. 民以食为天。

b. 谋事在人，成事在天。

c. 龙生龙，凤生凤，老鼠的儿子会打洞。

d. 出头的椽子先烂。

以上两组例子反映出汉英两个民族不同的文化。英民族生活在四面临海的岛上，擅长航海，而汉民族生活在以农业经济为主的广袤大陆上，所以英语中的谚语多与"航海"有关，而汉语的谚语很多和农业生产有关；英民族大多信奉基督教，有一个具体的上帝，而汉民族信奉的佛教、道教等严格来说属于无神教或泛神教，所以西方人笃信"上帝的惩罚"，而汉民族只有"天"这个模糊的神；英民族强调众生平等，而汉民族却有"君君臣臣，父父子子"的等级观念；英民族有着开拓进取，永争第一的勇气，而深受儒家"中庸"之道影响的汉民族则"怕出头"。可以说，英汉谚语中的文化含义大相径庭，如何将这种文化差异进行成功转移一直是翻译界的一个理论难题。

如何处理翻译中的文化差异，翻译界有着两种截然不同的具有代表性的观点，即归化和异化。归化的代表人物是美国著名的翻译理论家奈达（Eugene A. Nida），他主张翻译要以目的语文化为归宿，即运用目的语文化易于接受的表达法，使译文更通俗易懂，更适合于目的语读者。异化翻译的代表人物是美籍意大利翻译理论家维努蒂（Lawrence Venuti），他提倡翻译要以原语文化为归宿，即承认原语和目的语间的差异并在翻译中尽量保持和接受原语文化的异质特征；归化的翻译想通过回避文化冲突，异化的翻译则想通过再现原语的文化色彩，更好地保留原语文化的异国情调，来促进文化间的沟通和交流。两者的终极目标如此相似，翻译策略却大相径庭。那么根据关联翻译理论，涉及文化转移的谚语的翻译又该采取什么样的策略呢？

关联翻译理论将翻译看作涉及原文作者、译者和译文读者，经过两轮明示——推理过程的交际活动。就谚语而言，原文作者可被视为源语民族，而译文读者就是目的语民族。关联理论认为，每个个体的主体认知结构由逻辑、词汇和百科知识组成，从而形成了主体的认知环境。汉英两个民族的认知环境存在巨大差异，在翻译过程中可能产生信度失真或效度减弱。第一轮中译者对源语"信息"的推理和第二轮中译者将源语所传达的"信息"用目的语进行明示显得尤为重要。第一轮成功的推理是第二轮成功明示的前提。译者一般拥有认知源语和目的语文化的能力，他们的推理能力我们在这里无须讨论。根据关联翻译理论，在第二轮过程中，译者要传达或示意的是原作者的"交际意图"和"信息意图"。最佳的翻译就是充分传递两方面信息，但当两者不能兼顾时，则取其交际意图。因为在关联理论看来，交际意图一旦得到了满足，交际就成功了。所以，关联理论翻译观强调"语意"的翻译，而不是"语义"的翻译。作为原作者和读者之间的桥梁或者说中介的译者的主要任务就是促使前两者交际的成功。为了保证交际的成功，译者可以采用各种顺应措施以帮助译文读者找到原文与译文之间的最佳关联，达到最佳交际效果。

就谚语翻译而言，我们可以采用以下策略。

（1）关联翻译理论观照下的文化直入式

文化直入式就是用源语文化形式直接进行翻译。每个民族的文化都有其独特性，但人类在很多情况下也具有共性。如果源语文化能激发译文读者相似的图式想象，我们就不妨采取文化直入式的方法来翻译。比如，英语谚语"All roads lead to Rome."，中国人几乎都知道罗马是一个城市，所以翻译成"条条大路通罗马"。这类例子还很多，如：

a. One swallow does not make a summer. 一燕不成夏。

b. Beauty, unaccompanied by virtue, is as a flower without perfume. 美丽而无德，犹如花之无香。

c. Shoemaker's wife goes barefoot. 鞋匠老婆打赤脚。

d. Walls have ears. 隔墙有耳。

（2）关联翻译理论观照下的文化注释式

文化注释式就是为源语文化提供相关解释。谚语是民族语言的结晶，是面向本族语人群创造的，因而对于他们共享的信息往往会省略。而本族语读者能够根据谚语的语言信号提示，自觉地填充文化缺省所留下的空位，激活记忆中的有关图式，产生语境效果。但对于异族文化来说，由于缺乏相应的认知环境，就无法激活记忆中的图式，产生不了相应的语境效果。比如，英谚"An Englishman's house is like castle"，如果我们只翻译成"英国人的住宅就是他的城堡"，中国人可能无法理解这个谚语的真正含义，是英国人都住在城堡里还是英国人在住宅里觉得有安全感？如果我们在后面加上注释"不经允许，不得擅自入内"，意思就明了了。这类例子还有很多，如：

    a. Every cloud has a silver lining.　每朵乌云衬白底，黑暗之中有光明。

    b. The best fish swim near the bottom.　好鱼儿游水底，好东西难到手。

    c. The blind eats many a fly.　瞎子吃苍蝇，眼不见为净。

    d. As the old cock crows, so does the young.　子女学父母，亦步亦趋。

（3）关联翻译理论观照下的文化融合式

文化融合式就是将源语文化表达方式和目的语文化方式相结合，以一种形意结合的新的语言形式进行翻译。有时两种文化的认知环境会处于部分重叠状态，部分相似又不完全一样。翻译过程中若能将两种文化有机融合，既传达了源语文化，又能让译文读者明白，翻译就成功了。比如，英语谚语"Every dog is a lion at home."，"狮子"的形象在两种语言中都是勇猛的象征，可"狗"的意象在两种文化中却不尽相同。如果翻译成"每条狗在家都是狮子"会让中国人摸不到头脑，正确的翻译是"狗是百步王，门口逞凶狂"。这类例子还有很多，如：

    a. As you sow, so you reap.　种瓜得瓜，种豆得豆。

    b. Every cook praises his own broth.　王婆卖瓜，自卖自夸。

    c. What can you expect from a pig but a grunt?　狗嘴里吐不出象牙。

    d. A tiger leaves a skin behind him.　人过留名，雁过留声。

（4）关联翻译理论观照下的文化归化式

文化归化式就是略去源语文化的表达方式，代之以目的语文化的表达方式。如果源语中的某一信息在译文读者的记忆中根本没有相应的图式或无法达到足够的语境效果，而目的语中恰好有某一信息或表达方式能够取得同一语境效果，我们就可以采用文化归化式的方式进行翻译。比如，英语谚语"I fear the Greeks, even when bearing gifts."，中国人从字面理解根本不知所云。其实，这个谚语源于古希腊史诗中希腊人木马藏兵攻陷特洛伊城的故事，意思是说"希腊人带来礼物，没安好心"，比喻"不要相信敌人"之意，汉语里就有相应的谚语"黄鼠狼给鸡拜年"。这类例子常见的还有以下几个。

　　a. One falls into Scylla in seeking to avoid Charybdis. 才离狼窝，又入虎穴。

　　（此谚语源于希腊神话，Scylla 是住在意大利墨西拿海峡大崖礁心的六头女妖，对面是水流湍急、险象环生的卡律布狄斯大旋涡。）

　　b. Choose a wife on a Saturday, rather than a Sunday. 择妻宜重德，不可只重貌。

　　（英国人多信奉基督教，星期天要盛装去教堂做礼拜，而周一至周六工作日人们要穿着朴实的工作服工作。）

　　c. Two dogs fight for a bone and the third inns away with it. 鹬蚌相争，渔翁得利。

　　d. Even the dog swaggers when its master wins favor. 一人得道，鸡犬升天。

　　（5）关联翻译理论观照下的文化阻断式

　　文化阻断式就是在译文中放弃源语文化现象。最佳关联性原则并不排斥对原文中某些文化语境的放弃，如果原文中的文化语境在读者的大脑中根本找不到相关图式，因而无法采用文化归化式，而采用文化直入式、文化诠释式或文化融合式，进而需要读者付出更多努力才能获取相关信息，并且当前语境中已有充分的信息表达作者的交际意图，就可以采取文化阻断式进行翻译。比如，"Penny wise and pound foolish."，许多中国人对于英国的货币单位"penny"和"pound"没有认知，如果坚持用英语的表达方式来翻译就过于牵强。所以，明智的翻译就是采用文化阻断式进行翻译，即"小事聪明，大事糊涂"。以下也是这类谚语的例子。

　　a. Curses like chickens come home to roost. 骂人如骂己。

　　b. As well be hanged for a sheep as for a lamb. 一不做二不休。

　　c. Why keep a dog and bark yourself？为何家有佣人而亲自操劳？

　　d. The pot calls the kettle black. 五十步笑百步。

　　英汉谚语的翻译存在跨文化方面的障碍，传统的二元翻译或语码转化的理论无法逾越。但关联翻译理论很好地解决和解释了这一问题，因为其翻译策略灵活多变，只要译者针对译文读者提供具有最佳关联性的信息，使明示的或暗含的文化背景知识产生好的语境效果，便能使原文作者的意图与译文读者的期待相吻合。

四、结论

根据原文的意图和讲话者的意图，格特把翻译分为首级交际情境和次级交际情境。在首级交际情境中，语境预设可通过语义推理来建构，交际条件得到满足；而在次级交际情境中，由于缺乏认知语境，文本语境无法有效建立，交际条件无法得到满足，导致读者不理解或误解。西方读者阅读汉语典籍文本最大的障碍就是缺乏认知语境，无法有效推断文本中的隐含意义。这就需要译者在翻译的过程中充分考虑读者的认知能力，寻求最佳关联，将某些隐含信息以文内解释或文后注释等方式进行明示，人为建构认知空间。

第二节　文本互文策略——后结构主义视角

一、互文理论

互文性也译作"文本间性"，它是法国后结构主义批评家克里斯蒂娃（Julia Kristeva）提出的。著名的叙事学家杰拉尔德·普林斯（Gerald Prince）在其《叙事学词典》中对互文性下了一个较为清楚易懂的定义："一个确定的文本与它所引用、改写、吸收、扩展，或在总体上加以改造的其他文本之间的关系，并且依据这种关系才可能理解这个文本。"于是，作为一个重要的批评概念，互文性在出现于 20 世纪 60 年代后，随即成为后现代、后结构批评的标识性术语。

现在，互文性通常被用来指示两个或两个以上文本间发生的互文关系。所谓互文性批评，就是放弃那种只关注作者与作品关系的传统批评方法，转向一种宽泛语境下的跨文本文化研究。据此理论我们可以得知，每个读者在阅读与理解作品时都受到了他之前知识的影响。而翻译活动建立在译者对原文理解的基础上，因此互文性就显得更为重要。

首先，原文与译文的关系应理解为有互文关系的语篇。第一，任何语篇都是有互文性的，原文与译文是跨语言、跨文化之间的互文。第二，原作与译作之间的关系满足互文语篇的必要条件。因为先有原作，后有译作，译者作为原文的读者，先是完成了对原文信息的筛选，然后把译文呈现给读者，译文读者实际上选择的是关于原文的二手信息。可见，原文是译文的原型，是最具有互文参考价值的语篇，对译文的理解无疑要依赖原文。第三，翻译实践证明，不仅原作与译作，而且同一原作的不同译文间也存在着互文性。其次，互文现象基本可以分为语言层面的互文和文化层面的互文两类。这种认识对于翻译实践有指导意义，可以锁定在词、词组、句子、修辞、语篇甚至体裁等各个表达层面上。一个词、一句话，都能使读者联想起过去所接触的语篇世界以及其中的字、词、句、语篇，甚至文章的体裁，这就意味着译者在选词择句时要尽量符合译语的规范。

二、文本互文策略的应用

《论语》是记录孔子言行的一部儒家经典，具有极其鲜明的语言特色。对基本概念词的理解和翻译，不仅体现了译者的文化取向、价值观念，也关系到其译作的成败。*The Analects of Confucius* 一书是外语教学与研究出版社于1997年11月出版的，译者亚瑟·韦利为著名汉学家和中日文学翻译家。该译本不附中文原文，但有详尽注脚和序言，指出翻译《论语》的目的是要超越理雅各和苏慧廉对汉宋注疏的依赖，进而传达其编写者的原意。总体来说，韦利的译文既富文学色彩，又有现代气息，通畅易读。

优秀的翻译往往不是词和句的机械的、表面化的一一对应，而看似对应的词、句型往往不是译者的首选。优秀的译者不仅能够深入到原文语篇世界中去搜索信息，而且其所建构的译语读者的语篇知识结构可以使他能构建译语读者的深层文化心理结构，然后译出能够激活译语读者文化心理结构的译文，从而产生深层共鸣。

（一）句法层面

汉英两种语言在句法上存在巨大的不同，汉语重意合，多流水句；英语重形合，多竹节句，句间的内部关系靠连词来表示，因而在译文中为了保证译文语法结构完整和译文意思的明确，可以增补词语。《论语》中存在许多中国古语中特有的句式，韦氏采取语法补足、单位转换及结构变换等方法，用英文句式翻译中国古语特有的无主句、倒装句和省略句。

例1：子曰："父母在，不远游，游必有方。"

译文：The aster said, while father and mother are alive, a good son does not wander far afield; or if he does so , goes only where he has said he was going.

原文中未借助任何关联词就把隐含的意思表达清楚了，但是英语重形合，必须通过语法补足和结构变换才能把逻辑关系表达清楚。以主句"a good son does not wander far afield"为中心，前接一个时间状语从句"while father and mother are alive"，后接一个并列句"goes only where he has said he was going"，而并列句前有个条件状语从句"if he does so"，一个修饰一个，层层展开。

例 2：子曰："父母之年，不可不知也，一则以喜，一则以惧。"

译　文：The master said, it is always better for a man to know the age of his parents. In the one case such knowledge will be a comfort to him; in the other, it will fill him with a salutary dread.

由于原文中没有主语，不同的译者对这句话就有不同的理解。从互文性来看，我们可以从段落语篇中寻找信息。原文读者可以明显看出这是孔子与学生间的对话。如果主语用"he or one"，说话的对象就成了读者。因此，这里用了形式主语，实现了功能对等。

例 3：子曰："其为人也孝悌，而好犯上者，鲜矣。不好犯上而好作乱者，未之有也。"

译文：Those who in private life behave well towards their parents and elder brothers, in public life seldom show a disposition to resist the authority of their superiors.

《论语》中原句主语有很多定语，如果直接翻译成英语，主语和谓语就会离得太远。考虑到英语与汉语的互文，译者需要做出调整。定语"其为人也孝悌，而好犯上"可以翻成两部分，第一部分适用定语从句，第二部分翻成句子的谓语部分。这样译文就会符合目标读者的阅读习惯，虽然形式改变了，但原文的互文指涉没有丢失，更重要的是，译文的互文性得到了完美的展现。

（二）语篇层面

从语篇来看，汉语意合重于形合，英语形合重于意合。"形合"指借助语言形式手段（包括词汇手段和形态手段）实现词语或句子的连接；"意合"指不借助语言形式手段而借助词语或句子的意义或逻辑联系实现它们之间的连接。下面我们从《论语》20 篇中选取泰伯第八篇，对原文和译文进行深入的语篇对比分析。

例 1：子曰："泰伯，其可谓至德也已矣！三以天下让，民无得而称焉。"

子曰："恭而无礼则劳，慎而无礼则葸，勇而无礼则乱，直而无礼则绞。君子笃于亲，则民兴于仁。故旧不遗，则民不偷。"

译文：The master said, of T'ai Po it may indeed be said that he attained to the very highest pitch of moral power. No less than three times he renounced the sovereignty of all things under Heaven, without the people getting a chance to praise him for it.

The master said, courtesy not bounded by the prescriptions of ritual becomes tiresome. Caution not bounded by the prescriptions of ritual becomes timidity, daring becomes turbulence, inflexibility becomes harshness. When gentlemen deal generously with their own kin, the common people are incited to Goodness. When old dependents are not discarded, the common people will not be fickle.

通过对原文本的互文符号的语篇分析可以看出，句子的结构不靠时态和语态组成，分句间的衔接也不靠连接词，而是按逻辑顺序的流动、铺排的局势来完成内容的表达。"其"是一个照应衔接词，与"泰伯"构成"人称照应"衔接。"恭"与"劳"、"慎"与"葸"、"勇"与"乱"、"直"与"绞"分别构成反义搭配。另外，文中出现了大量的句式重复。

相比之下，韦利的译文中基本采用直译，尽可能地保留了原文的句式，译文中使用 When 明示主从句的时间和因果关系，将原文所隐含的逻辑关系明示。采取了省略衔接将"勇而无礼则乱，直而无礼则绞"译为"daring becomes turbulence, inflexibility becomes harshness."。除此之外，韦利还使用恰当的分词和强调句型等手段使译文的逻辑条理明晰。

可以说，在语言层面采用这样的归化译法既有助于西方读者理解，又有助于传播中国传统文化。

（三）修辞层面

《论语》的语言质朴无华、寓意深远，其中包含了很多宝贵的处世经验和人生智慧，后来逐步发展成为脍炙人口的成语，对后世语言文字的影响很大。其中也不乏许多栩栩如生的修辞表达，如对偶、比喻等。但由于中西方文化在文学艺术、宗教信仰、风俗习惯等方面存在差别，造成看似功能上似乎对等的修辞表达总是在指涉范围、语气、色彩、韵味等方面隐含着微妙的差异。从互文性来看，修辞的翻译在于两个层面，一是表面的语言结构理解，二是深层的意义。实际翻译中采用哪种含义依赖于具体的互文语境。韦利一般用直译或直译加注的方法尽力保持原文的互文符号，即形象意义和修辞手法，以期达到功能对等的效果。

例1：子曰："贤哉回也！一箪食，一瓢饮，在陋巷，人不堪其忧，回也不改其乐。贤哉回也！"

译文：The Master said, incomparable indeed was Hui! A handful of rice to eat, a gourdful of water to drink, living in a mean street-others would have found it unendurably depressing, but to Hui's cheerfulness it made no differences at all. Incomparable indeed was Hui!

译文中通过直译加注保留了"一箪食，一瓢饮，在陋巷"，不仅反映了原文汉语修辞的全貌，而且最大限度地传达了其深层语义。

例 2：子曰："学而不思则罔，思而不学则殆。"

译文：The Master said, he who learns but does not think is lost, he who thinks but does not learn is in great danger.

原文是对偶句式，对比了两种不同的学习态度，而译文中采用了排比和对立的形式来实现与原文的互文。

（四）语义层面

作为中国经典，《论语》之所以能够长久传世，是因为其中包含了丰富的哲理，充满了基本概念词。据程钢统计，《论语》全书计 1.2 万字，其中"仁"字出现了 109 次，"礼"字出现了 74 次，"君子"字出现了 107 次，这些基本名词贯穿于全书。读者不难发现，孔学思想以"仁"为核心，"礼"为外在要求，引导人们成为克己复礼的"君子"，然而，高频度出现的孔学概念词却给翻译者带来了极大的挑战。

翻译之难，在于理解。译者必须在互文语境中把握概念词的准确意义，据此做出相应的翻译。译者应当兼顾译名的原意与字面语义，即在不损害原意的前提下尽量使用相同的翻译，这当然不排除因语法的需要使用不同词性的同源词。而当译文不能涵盖特定语境下的语意时，则不妨启用新的翻译方式，同时做好加注说明，或做一些必要的主题索引，以帮助译文读者对原概念词的多方面的理解。韦利在译本中通过加注、泛化、缩小、替换几种方法来忠实再现原文，同时避免了破坏原概念的贯穿统一。

例 1：子曰：君子不器。

译文：The Master said, a gentleman is not an implement.

Note: i.e. a specialist, a tool used for a special purpose. He needs only to have general moral qualifications.

这句中关键是"君子"的理解，"君子"在西周典籍中是贵族男子的通称。在《论语》除个别地方是指原意外，已由衡量身份贵贱的称号演变为衡量道德修养水平高低的称号。"君子"的翻译，理雅各的译本里更多的时候采用的是"superior man"，意指他们在道德修养上（也可指地位上）优于一般人。仅从该词的互文所指意义来讲，这种译法无可厚非，然而，"superior"做定语时在英语世界被广泛地用于贬义，用来讽刺那些自以为高人一等的具有优越感的人，在西方读者心目中唤起的负面反应必然与"君子"一词在中国读者中引起的美好联想大相径庭。"gentleman"来源于法语中的"gentilhomme"，意思是"贵族、高贵的人"。"君子"从字面上看是"君之子"，起先也是指贵族，后来两者都在各自的文化背景里演变为对有道德修养者的称谓。虽然英国"gentleman"的骑士风度、幽默感和在孔子的"君子"那里没有体现，但这并不影响两个名词的大体对应。笔者以为，英语中"gentleman"在词义的演化上与汉语中的"君子"有着高度的相似，是理所当然的对等语。

总之，从句法、语篇、修辞和语义这四个维度来看，韦氏的翻译符合了原语和译入语的互文规范，达到了功能对等的效果。韦利对《论语》中互文符号的翻译方法，不仅在实践上获得成功，而且在理论上与诺伊贝特和施里夫的互文翻译策略完全一致："源于文本与其他文本具有互文关系，而译者却要与其他现有的译语文本建立新的互文关系……面对这种双重的互文关系，译者必须偏向于译语文本世界进行翻译。"

三、结论

法国著名符号学家罗兰·巴特（Roland Barthes）认为，任何文本都是互文本；在一个文本之中，不同程度地并以各种多少能辨认的形式存在着其他文本。任何文本都是过去引文的一个新织体。这和克莉斯蒂娃的互文性理念完全契合。克莉斯蒂娃认为，互文性既包括文本之间空间的组合关系，又包括此时文本与彼时文本在时间上的聚合关系，它体现空间与时间、历时与共时的统一。

每一部中国汉语典籍都是中国古典文化这张大网中的互文节点，经过历史的延宕和无数的解读和重述，很难再保留原貌。由于缺乏当时的语境，现在的译者想要还原作者的意图已经非常困难，这就需要汉语典籍译者首先要研究原文，成为所译典籍的研究者。比如，理雅各翻译的《诗经》列举了他参考的55种中文《诗经》集注、选本或音韵等方面的书目，并对他们各自的价值进行了评述。再如，霍克斯翻译《红楼梦》的基础是他是一个红学家。可以说，没有对中国古典文化的深刻认知，就不可能翻译出真正高质量的汉语典籍。

第三节　空间建构策略——解构主义视角

一、第三空间概念

解构主义语言观认为，任何符号的意义都是悬置的、延异的，意义仅存在于系统差异之中。解构主义打破了语言文化的僵化幻象，认为文本的意义开放而不固定，仅动态存在于互文的语境之中。霍米·巴巴（Homi K. Bhabha）将解构主义应用于后殖民理论研究，提出了"第三空间"概念。

霍米·巴巴认为，殖民与被殖民的情境彼此杂糅，形成"第三空间"，并因而发展出存在于语言认同与心理机制之间、既矛盾又模糊的新过渡空间，这成为动摇、消解强势文化霸权地位的有效策略。霍米·巴巴认为，人类的各种文化都是靠差异来确定自身的，都内在地与其他文化相参照，因而有其他文化的踪迹，并且被其他文化所改写。"第三空间"是表达文化差异的先决条件，通过探索这片第三空间，我们可以躲开极性政治，作为我们自己的他者而出现。

二、空间建构策略的应用

目前，对《红楼梦》的翻译研究很多，基本上是从语言和文化翻译机制的角度分析译者的成败得失。译者被目光灼灼的原语读者、目标语读者以及研究者环绕，成了"失声的弱势群体"。《红楼梦》译文的指摘者要么依据原文文本惋惜曹雪芹的"本意"没传递到位或被歪曲，要么站在目标语的语境中哀叹文化的不可译。这无疑将翻译批评阵营化了，把原文和译文置于矛与盾的对立关系。霍克斯提出疑问："译文与原文接近的标准是什么？'接近'意味着什么？如果说'接近'意味着在译文中尽可能再现原文的精神，那么谁又来决定原文的意义？"《红楼梦》结尾处，空空道人仰天大笑，掷下抄本，道："原来是敷衍荒唐！不但作者不知，抄者不知，并阅者也不知，不过是游戏笔墨，陶情适性而已！"用这句话注解解构主义文本观倒十分贴切。

（一）《红楼梦》的三个空间

如果我们把原文本语境称为第一空间，把译语文本语境称为第二空间，在这两者接触处即产生第三空间：翻译文本语境。《红楼梦》第一空间包含《红楼梦》汉语文本、汉语文本阐释、红学研究、汉语认知图式、意识形态及思维模式等；第二空间是《红楼梦》可能唤起的英语认知域社会文化关系总和；第一空间和第二空间是两个社会文化空间，共同操控译者有意识地认知、解码、编码，投射文本形成第三空间，第三空间被经典化后又反过来修订第一和第二空间。参见图3-3。

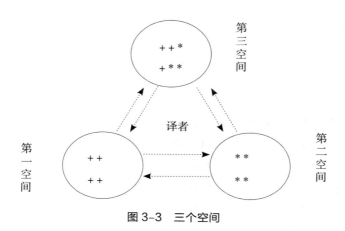

图 3-3   三个空间

　　闵福德认为，译者必须放弃东方是东方、西方是西方的想法，坚持人类精神共性和文化协同的可能性。译者的立足点应处于东西方两种文化的等距离点。我们所说的"第一"和"第二"不是重要性的排列，而是表明交际的发起者是谁。第一空间和第二空间的平等对话关系是建立第三空间的基础。乔利的译本于1892年出版，当时欧美人对《红楼梦》并不熟悉，认为其不过是一本通俗小说。乔利当时的身份是英国驻澳门副领事，他翻译《红楼梦》的目的仅仅是为外国人学习汉语"提供些许帮助"。王际真译本的出现直接推动了美国红学，但也对原著进行了大量删减，仅保留小说中的爱情主线，在翻译中也力求传递异国风情和传奇色彩。以上两个译者尽管声称自己"忠实于原文"，但他们都是站在我者立场上塑造一个东方的他者形象，原语文化语境和目标语文化语境是高度隔离的。杨宪益翻译和出版时间为"文化大革命"前后，具有强烈的官方背景和一定的政治色彩，目的是向世界"翻译中国"。乔利译本和王际真译本以"观者"角度解码原文，转述的是一个"他者"的形象，就如动物园的讲解员向观众讲解笼中的异域猛兽。杨宪益译本则以"我者"身份向他者讲述中国故事，却有堕入类似于"自我东方主义"陷阱的危险。比如，《红楼梦》中人物众多，不同译者翻译方式不尽相同，乔利基本采取音译；王际真将男子姓名音译，而将女子姓名意译；杨宪益多取音译加注释的方式；霍克斯将书中丫鬟、小厮名字音译，而将其他人物名字意译。在几个译本中，乔利采取音译一点儿都不奇怪，因为他对小说中人物姓名蕴含的意义不了解或不感兴趣；杨宪益译本加注释的方式虽然完整传递了文化信息，但普通英文读者很容易失去耐心；王际真译本和霍克斯译本都采取了双重标准，具备混杂性，但两者隐喻大相径庭。王际真译本暗示男性角色是具有自我意识的独立个体，女性角色可以物化，也暗合了西方人对中国男权社会的"东方想象"。这种处理方式不仅不符合曹雪芹"堂堂须眉，不若裙钗"的精神，也明显将第一空间置于第二空间的鼻息之下。霍克斯译本一方面区分了小说众多人物的等级身份，减少读者理解难度，另一方面隐喻小说中丫鬟、小厮的附属身份和主人的格调。比如，袭人（Aroma）、晴雯（Skybright）、麝月（Musk）、茗烟（Tealeaf）等附属于宝玉，有些人的名字甚至是宝玉取的，从英译名字中透露出一股读书人的雅气，很符合贾宝玉的人物特征。

（二）"第三空间"的建构过程

第一空间和第二空间相互博弈决定了第三空间的建构过程。胡安江认为，翻译文本在译入语文化体系中比较理想的经典建构程式大致需要考虑以下因素：① 翻译文本自身的审美价值；② 意识形态；③ 赞助人；④ 共时性和本土化解读。在这四个因素中，意识形态和赞助人体现利益权力话语，直接影响译者翻译策略和决定文本价值判断。比如，戴乃迭坦诚他们的翻译偏直译，太死板，读者不爱看，是因为他们受了太多的限制，这其中就有工作环境的限制；没有企鹅出版社的强大实力和出版理念，霍克斯声称的从容和自由也无从谈起；邦斯尔译本被认为是第一个《红楼梦》一百二十回英文全译本，但权力博弈的结果使译者的心血几乎付诸东流。

法国解构主义的鼻祖雅克·德里达（Jacques Derrida）认为，形而上学的"在场"不是实在的，"现时"不可能停留在一个点上，它们是过去的延续，是未来的预设。胡安江提到的"共时性"在解构主义看来不过是时间流上的一点，但仍然提醒我们关注翻译时空网络的交叉。芬兰翻译学者彻斯特曼（Andrew Chesterman）参照语言学和社会学对规范的分类，提出四条专业译者应遵守的规范性法则，分别为期望规范、义务规范、传意规范以及关系规范。这四个规范构成了原作者、译者、读者等主体间关系，也构成了权力的相互制约。杨宪益说："译者应该将自己置身于小说描绘的那个时期，设法体会当时人们所要表达的意思；然后在翻译成英文时，再把自己放在今天读者的地位，这样才能使读者懂得那时候人们的思想。"这句话表明这些期待和规范并不是一成不变的，每个时期、每个阶段各具特点，译者必须采取"共时性"的解读方式。霍克斯说："译者应该是忘我的人，应该关注对原作忠实的阐释和读者对原作的完整接受，而非专注于自己创造力的发挥或炫目的荣耀。"霍克斯强调的"阐释"和读者"接受"反映了一定程度本土化解读的重要性。比如，霍克斯在译本前言部分详细解释了自己为什么放弃《红楼梦》中无处不在的"红"意象，转而用本土化的"绿"或"金色"意象。

One bit of imagery which Stone-enthusiasts will miss in my translation is the pervading redness of the Chinese novel. One of its Chinese titles is red, to begin with, and red as a symbol-sometimes of spring, sometimes of youth, sometimes of good fortune or prosperity-recurs again and again throughout it. Unfortunately,apart from the rosy cheeks and vermeil lip of youth,redness has no such connotations in English and I have found that the Chinese reds have tended to turn into English golds or greens（"the green spring" and "golden girls and boys" and so forth）. I am aware that there is some sort of loss here,but I have lacked the ingenuity to avert it.

中文原著《红楼梦》（我选择了它的另一个名字《石头记》）中最常见的意象，那就是"红色"，在我翻译的版本中消失了。首先，这部书的书名中就有一个"红"字，红色作为春天、青春、好运或财富的象征，在整部书中一再出现。令人遗憾的是，在英语世界，除了年轻人红红的脸颊和嘴唇，红色并没有中文蕴含的言外之意。我发现，中文中的"红色"可以转换成英文中"绿色"或"金色"（比如，绿色的春天或金色年华等）。我也知道这样的翻译会使中文原义在某种程度上受损，但我实在无能为力。

本土化的解读也包括符合英语文学规范的叙事方式。比如，《红楼梦》第三回，林黛玉进贾府第一次见宝玉，大吃一惊，心下想道："好生奇怪，到像在哪里见过一般，何等眼熟到如此！"霍克斯译为"Daiyu looked at him with astonishment. How strange! How very strange! It was as though she had seen him somewhere before, he was so extraordinarily familiar."。霍克斯创造性地采用自由间接引语来翻译林黛玉的内心语言，这种英语现代小说叙事手法在曹雪芹的原著中是无从寻觅的。经过霍克斯润色后的翻译无疑是更完美的现代英语，全知叙事者的观察巧妙地诠释了人物的内心语言，更为接近现代英语读者的品位。

（三）"第三空间"的杂糅性

第三空间的杂糅是翻译文本经典化的基础。第三空间是杂糅的、模糊的，既不是纯粹的原文本语境，也不是纯粹的异语文本语境。翻译文本的"纯粹"和"透明"只会强化自己的他者身份，在译语语境中被边缘化。英译中国禅诗集在美国的经典化就是一个明显的例子。译诗的选取、内容的阐释、风格的确立无不符合西方社会对中国宗教文化的偏好、憧憬或想象。这些译文呈现深山寺院的幽静、令人钦慕的高僧，陈述禅宗境界或佛陀故事，但它们既不是纯中国的，也不是西方的，它属于"第三空间"。我们以宗教信仰为例，德里达曾借《威尼斯商人》指出，信仰的自大和自闭决定宗教拒绝翻译，在基督教的语境下尤其如此。夏洛克要么即刻遭到排斥，要么迅速融合进来。这里存在着某种"不讲理"或"蛮横无理"的、"逻辑"的仗势欺人。其实"自大"的不仅是基督教，莎士比亚的作品在中国的经典化同样遇到类似的问题。中国人珍视自己五千年的文明和灿烂文化，很希望西方全面了解和原封不动地接受，唯恐别人曲解了自己的文化。其实这种把中国文化当作一个固定的、一成不变的客体和对象是危险的。既然文化是本真的、原声的、自古不变的、自我同一的、价值和标准独有的，就必然导致自恋的、分离的、封闭的文化心态。

其实，第三空间的建立并不意味着第一空间文化底蕴的流失。我们都知道，中国人多元宗教信仰和西方一元信仰常面临冲突和矛盾。《红楼梦》中的佛、道、玉皇大帝、鬼神以及儒家教义和谐并存，西方人是很难理解的。霍克斯不时用基督教的概念诠释原文语境中的佛教思想，招致非议在所难免，但若说他抹杀了中国人的信仰面目倒也冤枉。《红楼梦》中有个三进大观园的刘姥姥言必称佛，霍克斯基本译成"holy name"，基督教色彩浓厚。但《红楼梦》第三十九回，刘姥姥二进贾府见了贾母，编了个九十多岁的老奶奶吃斋念佛感动观音菩萨的故事。霍译文为：In a farmstead east of ours there was an old dame of more than ninety who had fasted and prayed to the *Buddha*（吃斋念佛）every day of her life. At last the blessed *Guanyin*（观音菩萨）was moved by her prayers and appeared to her one night in a dream. "It was to have been your fate to be cut off without a heir," the *Blessed Mother*（送子观音）told her, "but because of your great piety, I have petitioned the *Jade Emperor*（玉皇大帝）to give you a grandson"。（注：括号和斜体为笔者所加）看了这一段译文，你还会担心中国传统宗教信仰会被基督教化吗？其实，追求对等的翻译或纯粹的空间转换只是一厢情愿的想法。比如，刘姥姥说"谋事在人，成事在天"，杨宪益把"天"

译为 heaven 似乎比霍译 god 更对等，但事实是中国人的"天"的认知图式和西方人的 heaven 存在很大差异，结果仍是混杂的。

（四）翻译"第三空间"的构建原则

该如何评估翻译第三空间呢？其最终依据是翻译文本的经典化，但那是结果，并且经典化的完成与否不单单取决于文本。就翻译文本而言，我们尝试提出两个具体的建构原则：一是关联原则，二是语境效果原则。

我们借用认知语用学中的关联理论的概念来阐述第一个原则。关联理论认为，交际是一种明示—推理过程，交际的成功取决于明示—推理过程的关联度。翻译作为一种跨文化交际，有两个基本意图，即传信意图和交际意图。比如，王际真要讲一个东方凄美爱情故事，所以对于宝、黛描写不惜笔墨，大量删除"无关"章节和诗词歌赋，是出版需要；杨宪益要向世界讲述一个封建家族的腐朽堕落，所以千方百计保留中国文化意象，有时不惜违反交际原则，是政治需要；霍克斯被《红楼梦》的魅力所感染，有想把这种魅力传给别人的"冲动"，这是文学需要。我们认为，《红楼梦》的英文翻译是通过文学向西方读者讲述中国故事。这个"讲述"既不能在第一空间也不能在第二空间进行，而要在译者构建的第三空间进行。

在构建第三空间的过程中，译者要注意到第一空间和第二空间的语境不同，合理决定意象取舍和替换。比如，《红楼梦》第三回描写王熙凤的外貌，有一句"粉面含春威不露"。杨宪益译为"The Springtime charm of her powdered face gave no hint of her latent formidability."。这句话普通英国人看了可能会理解不了，因为中国春天最美的时候，英国还是冰天雪地呢。对于这些细节，普通读者自然不会花心力去探究中国和英国不同的地理环境，译者也不值得费笔墨去解释。所以，霍克斯将"春"换成了"夏"：the ever-smiling summer face of hidden thunders showed no trace。

关联理论提出的认知环境是动态的，它不仅包括当事人在自己所处的物质环境里所知道的全部事实（逻辑信息、百科信息和词汇信息等语言或非语言信息），还包括交际时交际双方有能力了解到全部事实。译者有义务在第三空间增补信息，修订读者认知环境。译者可以利用的手段有文内补充、前言说明、图表、注释等。这方面做得比较充分的是杨宪益译本和霍克斯译本。杨宪益译本大量使用注释和图表，再版时原来的前言由于历史原因被移除，换成了其他红学家的解析。霍克斯译本这方面做得最为充分。首先，根据读者认知需要，霍克斯译本增补大量文化信息。举个简单例子，《红楼梦》第四十回，刘姥姥二进大观园，和贾母一起吃饭，里面有一句"贾母说了声请"，中国人都知道这是餐桌上主人对客人的礼节。杨宪益译本很简单，没有增加任何信息。霍克斯译本则是"'Please!' said Grandmother Jia, waving her chopsticks at the food as a polite indication that they should begin."。不仅将贾母的动作具体化了，并且解释了原因。除了文内补充，霍克斯译本还将《红楼梦》分成五卷，分别定名为 The Golden Days、The Crab-Flower Club、The Warning Voices、The Debt of Tears、The Dreamer Wakes，清晰地理出了小说情节脉络。每卷书的封面是中国古典美人图，封底简要介绍该卷内容提要，并突显一句点睛之笔。小说还附有作者和译者简介、汉语拼音发音规则、每卷主要内容介绍，以及荣、宁两府谱系图。另外，霍克斯还根据内容需要每卷增加附录，蔚为壮观，包括十二金钗的画迷和判词曲子的解释（第一卷）、律诗的韵律、骨牌以及谜语解释（第二卷）、原文中的矛盾之处和译者处理方法（第三卷）、程高版前言译文、八股文章介绍、古琴介绍（第四卷）等。霍克斯译本序言每卷各不相同，信息量更是惊人，反映了霍克斯不仅是出色的译者，还是精通红学的汉学家。在序言中，霍译详细考证和小说有关的中国习俗、作者家史以及《红楼梦》版本，介绍了红学研究的相关成果和自己的独到见解，卓有见地地分析了小说情节和人物原型，坦陈自己的翻译目的、理念、策略和方法。

我们再来看翻译中第三空间的第二个建构原则：语境效果原则。解构主义翻译观认为，原文和译文在翻译中相互关联和补充，可以创造出比单纯的翻版或复制更加丰富的意义。而意义仅动态存在于语境之中，没有语境就没有意义。译者的核心工作就是进入第一空间语境，在第二空间重组语境，最后在第三空间重建语境。我们来看一个例子，《红楼梦》开章，作者给我们描述了顽石的前生奇缘，其中主要人物和地名翻译如表3–1。

表3–1　《红楼梦》开章主要人物和地名翻译表

中文	乔利译本	邦斯尔译本	杨宪益译本	霍克斯译本
大荒山	The Ta Huang Hills	Mt. Ta-huang	The Great Waste Mountain	The Great Fable Mountains
无稽崖	The Wu Ch' Cave	The Cliff of u-chi	The Baseless Cliff	The Incredible Crags
青埂峰	The Ch'ing Keng Peak	The Ch'ing-keng Peak	Blue Ridge Peak （加注释）	The Greensickness Peak

续表 3-1

中文	乔利译本	邦斯尔译本	杨宪益译本	霍克斯译本
空空道人	A Taoist priest, K'ung K'ung by name	A Taoist of the Great Void	A Taoist known as Reverend Void	（A Taoist called）Vanitas
茫茫大士	Mang Mang the High Lord	The Great Scholar of the Infinite Vastness	The Buddhist of Infinite Space	The Buddhist Mahāsattva Impervioso
渺渺真人	Miao Miao, the Divine	The Pure Man of Vague Infinity	The Taoist of Boundless Time	the Taoist illuminate Mystervioso

这一段，作者把我们带进了神话空间，蒋勋对此做了解读："大荒"和"无稽"是不可查考、不可考证。大荒是时间的最初，所谓洪荒；大荒无稽，是查证不出最初的时间。"茫茫""渺渺""空空"描述的也是一种混沌的状态。"青梗"可以被理解为"情根"的谐音，包括爱和恨，是一种非理性的状态，是"痴"。有了"情"，石头便有了欲望，也就是"玉"，所以才有顽石的一段"情天恨海"的经历。乔利译本和邦斯尔译本完全或部分放弃了原文隐喻，减弱了原文的语境效果；杨宪益译本正确理解了原文，翻译也比较到位，基本保证原文语境效果没有减弱；霍克斯译本融入了第二空间文化因素，蕴含的信息量更加丰富，进一步增强了语境效果，他将"青埂峰"译成"the Greensickness Peak"，不仅克服了汉语的不可译，还获得了跨文化、跨语言的互文性支持。译者用英文加拉丁文翻译"空空道人""渺渺真人"，用英文、意大利文和拉丁文翻译"茫茫大地"，增加了神秘感和感染力。比如，Vanitas 是拉丁文，根据谢大任主编的《拉丁语汉语词典》，意思是"虚构、空洞；无根据，无理由"。在《圣经》（传道书 1，2）有"虚空的虚空，虚空的虚空，一切都是虚空"。（Vanity of vanities, said the preacher, vanity of vanities; all is vanity.）（Ecclesiastes 1，2）在艺术领域，虚空派是一种象征艺术，虚空派象征符号主要有头骨、腐烂的水果等，隐喻生命的短暂、欢愉的无意义及死亡的必然性。

三、结论

刘华文认为，翻译实质上分为三种价值向度：一种是认知的，把原文的意义当作认识的对象，像探索真理一样在译文中获得它；一种是实践的，试图用译入语文化"改善"译出语所构成的世界，或是重构原文的审美体验；再一种是创造的，翻译成了体验世界的模式，是主体（译者）和客体（原文）的"你中有我，我中有你"的融合。这样的见解独到而精辟，但仍然是二维双向模式，缺少社会文化语境的整体参与。

汉语典籍是中华民族几千年文化的结晶，凝练并凝重，即使是当代中国人也罕有能深刻领会和掌握其中内涵的。汉语典籍如果不进行时代性的再表征，必将被国人所冷落；汉语典籍的英译若不进行跨时空、跨语际的再表征，更不可能被世界所接受。汉语典籍的英文译介的推陈出新是翻译文本第三空间不断成熟建构的过程，是走向经典化的必经之路。在翻译建立的第三空间里，西方人从静止地眺望和想象中国到用自己熟悉的符号和中国文化近距离、平等交流，中华文明也可以在这里以开放、包容的胸怀自信地展示自我、了解别国文明，这种双向的交流必将使东西文明同步繁荣和成长。

第四节　翻译评价维度——认知语法视角

一、基本概念

认知语言学家认为，意义和语言形式有着固有的联系，是不可分割的，因为对不同形式的选择会给一个意象施加不同的解释，即不同的识解兰盖克。翻译的基础就是译者对文本的跨文化识解。Langacker 认为，识解可以从详略度、辖域、背景、视角、突显等五个方面描写。

认知语法认为，语言表达基于人们对外界现实的感知体验和认知加工，语法结构取决于人们的认知系统和语义结构，因此要将其描写清楚，必须从概念、语义描述入手。"框架"这个概念是由菲尔默（Fillmore）提出的，他更加详细地解释了詹姆斯·迪斯（James Earle Deese）的"语言联想意义"，Langacker 的"认知域""辖域"以及克罗夫特和克鲁斯（Croft & Cruse）的"基体"所描述的内容。菲尔默认为，任何由密切相关的一些概念构成的体系，要理解其中的任何一个概念，就必须理解它所在的整个机构。文本中一个能指或概念所指不止一个，译者要充分了解源语的相关认知域，甚至是整个事件情节。在翻译过程中，源语和目标语的语义框架越接近，就表明翻译越精确。

　　焦点和背景这一对术语最早由丹麦心理学家鲁宾（Rubin）提出，后来德国心理学家考夫卡（Koffka）等将该概念运用到知觉组织的研究中。泰尔米（Talmy）最早将其引入语言学研究中；Langacker，温格瑞尔和施密德（Ungerer& Schmid），克罗夫特和克鲁斯拓展了相关研究领域。Langacker 对其下的定义是：主观上来讲，一个情景中的"焦点"是一个次结构，在被感知时，它相对于情景的其他部分（背景）更"突出"，被给予特殊的显著性，成为中心实体，情景围绕"焦点"组织起来，并为它提供一个环境。语言中的焦点、背景既可以指空间中的运动事件或方位事件中两个彼此相关的实体，也可以是在时间上、因果关系上或其他情况中两个彼此相关的事件。

　　视角是人们对事件描述的角度，涉及观察者与事体之间的相互关系。Langacker 认为视角包括很多因素，如有些词语包含时间、空间等视角；在没有特殊说明的情况下，讲话人可被视为没有明说的视角；视觉扫描可分为总体扫描、顺序扫描、心智扫描，有发散型和聚合型之分、从上往下看和从下往上看之分；主观观察与客观观察等。与视角有关的识解，全都根源于一个事实，即我们以某种方式存在于这个世界的某个位置，这决定着我们的时间和空间位置、角色以及我们的状态、态度和行为方式。

　　认知语言学认为，语言形式和意义之间的联系不是绝对任意的，语言具有理据性和象似性。象似性这一术语源自符号学中的象似符概念，最早由符号学奠基人桑德尔·皮尔斯（Charles Sanders Peirce）提出。象似性指语言形式和意义之间存在着相似性，可以细分为影像符、图示符和隐喻符三类。

二、认知语法视野下《红楼梦》英译评价

（一）框架

　　《红楼梦》第一回"甄士隐梦幻识通灵，贾雨村风尘怀闺秀"中的"闺秀"一词，邦斯尔译为"a beautiful girl"，乔利译作"a beautiful maiden"，杨宪益译为"a maid"，霍克斯译本的回目中没有出现该词翻译，但在正文中也使用了"a maid"。那么哪种译法更准确呢？中文"闺秀"的基本语义框架是"旧时称有钱有势人家的女儿"、"有才德的女子"或"未婚的年轻女子"。小说中贾雨村遇到的闺秀是甄士隐家的丫鬟娇杏，长得虽不十分出色，倒也有动人之处。只因多看了贾雨村几眼，便被贾雨村视为巨眼英豪、风尘中知己了。因此，"闺秀"一词虽突显了"年轻"和"才德"两个语义，并没有突显外貌的语义项，再加之娇杏是个丫鬟，译成"a maid"似为最佳。

语义框架是人类在概念化过程中形成的一个内在的、连贯的、凝聚在一起的语言表征结构，它具有百科性和民族性。如同理解一个语言表达需要激活的基体一样，框架是解释语言表达的刻画所需的一种潜在的概念结构或知识结构，代表着特定社会的世界观，包括信念、情感和价值观、人与物的原型、情景和事件次序、社会情节、隐喻和转喻思维基础。认知域是有结构的，一个抽象的概念，如不置于特定的文化背景，单凭借经验，很难进行有效识解。比如，乔利将"风尘"译为"the windy and dusty world"，邦利将"红尘"译为"the red dust"。"青埂峰"的翻译就非常能说明问题。曹雪芹书中的人名和地名都是有特定隐喻的，"青埂峰"也不例外，"青埂"是"情根"的谐音，邦斯尔和乔利都直接译成了"the Ch'keng Peak"，完全放弃了隐喻；杨宪益译作"the Blue Ridge Peak"，在书后加了注释"Homophone for 'roots of love'"，读者倒也能明白七八；霍克斯的翻译非常出彩，译作"the Greensickness Peak"。霍克斯还专门撰文对此翻译进行了解读。"Greensickness"是一种年轻人（尤其是年轻女子）易犯的疾病，在英语文化中可引申为年轻人痴情落下疾病。这样的翻译不仅传递了"青埂峰"的隐喻内容，并能获得跨文化、跨语言的互文性支持。霍克斯认为译者在浸淫源语言所代表的文化的同时，也要关注目标语言代表的文化，译者应该处于两种文化之间的中心点。

（二）焦点和背景

由于焦点和背景对于有效识解至关重要，译者在进行翻译时，要尽量保持原文和译文焦点和背景的一致性，否则翻译效果会大打折扣。

中文：一日，炎夏永昼，士隐于书房中闲坐，至手倦抛书，伏几少憩，不觉蒙眬睡去。

杨宪益译：One long hot summer day as Shiyin was sitting idly in his study, the book slipped from his hand and, leaning his head on the desk, he fell asleep.

霍克斯译：…, Shi-yin was sitting idly in his study. The book had slipped from his nerveless grasp and his head had nodded down onto the desk in a doze.

乔利译：Shi-yin sat leisurely in his library. Feeling his hand tired, he dropped the book he held, leant his head on a teapoy and fell asleep.

邦斯尔译：Shi-yin was sitting unoccupied in his study when his book dropped from his tired hand and, with his head on the desk, he went off into a doze.

很明显，这是一个时间系列事件，事件分别为"闲坐""手倦""抛书""伏几""少憩""睡去"。Talmy 的时间事件复合句焦点 / 背景定位原则为顺序原则、因果原则、包含原则、决定原则和替代原则。据此原则，"闲坐"是最高层次的背景，"睡去"是最高层次的焦点，中间的事件既是前一事件的焦点，又是后一事件的背景。杨宪益译本基本上和原文保持了一致；霍克斯译本将系列事件分成两个句子表达，第一句突显了"书房闲坐"这个大背景，但和原文不一致的是，译文第二句将原文中"睡去"这个焦点变成了另几个事件的背景；乔利译本基本上符合原文，但它抬升了"手倦"和"伏几"的被感知度；邦斯尔译本则过多抬升了"抛书"的被感知度。

Langacker 将焦点／背景关系扩展到了语用方面，他认为这组关系对于言语事件情景中的背景设置至关重要。言语事件（包括讲话者、听话者、言语行为、言语行为的时间）是背景，而用来交流的语言表达是焦点。我们不妨推及语篇层面，小说中每一个事件既可能是下一个事件的背景，也可能是上一个事件的焦点，事件中的空间（包括时间、地点、人物关系等）构成背景，故事情节构成焦点。《红楼梦》第一回给我们展现了三个主要空间：梦的魔幻空间、现实空间以及一个梦幻和现实的重叠空间，这是第一回也是整部书三个大的空间背景，它们三者的关系是梦幻空间 > 重叠空间 > 现实空间。在三个空间背景里，又分别有不同的焦点事件，译者在翻译时，有必要厘清这些背景和焦点，方能前后呼应，如果连译者都不清楚小说中的时空或人物关系，读者更会不知所云。比如，小说第一回"……蒙茫茫大地、渺渺真人携入红尘，历尽离合悲欢、炎凉世态的一段故事"。很明显，这里的"茫茫大地"和"渺渺真人"指的就是青埂峰下度化顽石的一僧一道。杨宪益和霍克斯正确理解了原文，邦斯尔却将其误译为"Great Scholar of the Infinite Vastness and the Pure Man of the Vague Infinity"，乔利则译为"Wang Mang the High Lord, and Miao Miao, the Divine"。

（三）详略度

人类在认知过程中，面对同一个情景或事体，可以从不同精确程度和详略程度来认识和描述，这样就形成了不同的识解，它可能出现在词汇或句子层面，如下面一个例子。

中文：梦至一处，不知是何地。

杨宪益译: In dream he travelled to an unknown place.

霍克斯译: While in this drowsy state he seemed to drift off to some place he could not identify.

乔利译: Of a sudden, while in this state of unconsciousness, it seemed as if he had betaken himself on foot to some spot or other wither he could not discriminate.

邦斯尔译：He had a hazy idea that he had gone somewhere but he could not distinguish what place it was.

中文"至"是一个非常简单的词，既不隐含移动方向，也不表明移动方式，仅表示到了某地。杨宪益译本的"travel"表示有意识地到某个地方去；邦斯尔译本的"go"带有方向性；乔利译本的"betake himself on foot to..."表明了移动的方式；霍克斯译本的"drift off to..."表示不受主观意识控制的慢速移动。可以说，四位译者不同程度地将汉语"至"这个动词具体化了。笔者认为，汉语是一种"意合"语言，惜字如金，中国人善于利用上下文或百科知识有效识解。而英语是一种"形合"语言，语言逻辑性很强。因此，译者在翻译过程中必须意识到这种差异，及时调整用词的详略度，以期正确传达原文语意。就本例而言，甄士隐梦中到了某地，完全是朦朦胧胧状态下的天马行空，他既不可能知道自己为什么去，也不可能记得怎么去。因此，只有霍克斯译本传神地描述了那种状态。下面我们再来看另一个相反的例子。

中文：然后好携你到那隆盛昌明之邦，诗礼簪缨之族，花柳繁华之地，温柔富贵之乡去安身乐业。

杨宪益译：Then we can take you to some civilized and prosperous realm, to a cultured family of official status, a place where flowers and willows flourish, the home of pleasure and luxury where you can settle down in comfort.

霍克斯译：After that I shall take you to a certain brilliant, successful, poetical, cultivated, aristocratic, elegant, delectable, luxurious, opulent locality on a little trip.

杨宪益译本和霍克斯译本的不同风格在这个例子里得到了充分体现。杨宪益竭力通过"直译"力图传递原文所有信息。尽管如此，个别信息翻译仍然容易引起误解。比如，一个英国人恐怕很难理解"a place where flowers and willows flourish"是什么意思。乔利和邦斯尔也采用了类似的翻译手段，霍克斯则巧妙地将原文中具体的地方抽象化，降低原文信息的具体程度，改用几个抽象的形容词意译，并且别出心裁地将形容词单独成行，省略其间标点竖着排版，达到了非常好的翻译效果。

（四）视角

《红楼梦》中林黛玉初进贾府对于贾家富贵气象的描写视角就是一个初次投亲、惴惴不安的小女孩，刘姥姥对大观园的描述视角就是没见过多少世面的诚惶诚恐的乡下老太太，两部分的行文自然不会一样。

我们试看一例。

中文：后来，又不知过了几世几劫，因有个空空道人访道求仙，忽从这大荒山无稽崖青埂峰下路过。

杨宪益译：After no one knows how many generations or aeons, a Taoist known as Reverend Void, searching for the Way and immortality, came to Great Waste Mountain, Baseless Cliff and the foot of Blue Ridge Peak.

霍克斯译：Countless aeons went by and a certain Taoist called Vanitas in quest of the secret of immortality chanced to be passing below the same Greensickness Peak in the Incredible Crags of the Great Fable Mountains.

乔利译：Nor can it be known how many centuries and ages elapsed, before a Taoist priest, K'ung K'ung by name, passed, by these Ta Huang Hills, Wu Chi' cave and Ch'ing Keng Peak.

邦斯尔译：Nor do we know how many generations had passed when a Taosit, passed below the Ch'ing–keng Peak of the cliff Wu–chi on Mt. Ta–huang.

从上面的译文我们可以发现视角的微妙差别，杨宪益译本用了"came"这个词，表明这个视角是那个被弃于青埂峰下的顽石；霍克斯译本中并没有出现任何表明视角的指示词，讲述者并没有出现，仅是客观描述；乔利译本中的指示词"these"以及邦斯尔译本中的"we"都表明了是通过讲述者的视角主观描述。另外值得注意的是，大荒山、无稽崖、青埂峰的扫描关系。杨宪益译本和乔利译本明显是线状的，即"大荒山"＞"无稽崖"＞"青埂峰"，这似乎更符合中国人的扫描习惯；而霍译和邦译是点状的，即"青埂峰"＜"无稽崖"＜"大荒山"，这更符合英语表达方式。那么，哪一种翻译更加符合原文的视角呢？我们不能简单地从中文的"这"字就匆忙下结论。我们知道，大荒山、无稽崖、青埂峰是不知所始、所终、所在的虚无缥缈的魔幻空间，讲述者的主观存在只会弱化这种梦境感。所以，笔者认为霍克斯译本似乎更加传神。那么，在现实空间又如何呢？且看下例。

中文：又见奶母正抱了英莲来。

杨宪益译：The nurse came up then with Yinglian in her arms.

霍克斯译：（And there he was sitting in his study, the contents of his dream already half forgotten, with the sun still blazing ... ）and the wet–nurse at the door with his little daughter .

小说第一回甄士隐就在做梦，梦见到了"太虚幻境"，一僧一道强行夺走他手中的玉。一声霹雳，甄士隐从超现实的梦境回到了现实。烈日炎炎、芭蕉冉冉，可爱的女儿就在眼前。中文和杨译的视角无疑是甄士隐的，描述是动态的。超现实是虚无的，转瞬可忘；现实在甄士隐看来却是主观的、实在的。霍克斯译本的视角却是讲述者，描述是静态的。因此，译者在翻译时，需要关注文本视角，而文本视角的转换和焦点 / 背景相关。

（五）象似性

语法表达意义，不同语言的象似性反映不同民族的认知模式。中西方文化的思维方式不同，中国人重具象思维，西方人重逻辑思维，因此，汉语和英语也存在着显著差异，即汉语象形、感性，充满联想与诗性；英语表音、抽象，理性。另外，两种文化有着各自独特的话语方式，如中国小说力图将一个复杂的故事讲得简单，而西方小说总是尽量将一个简单故事讲得复杂。《红楼梦》的翻译也证明了这一点，同样一部《红楼梦》，中文版 731017 字（不同版本可能略有差异）。杨宪益多直译，像一个中国人那样讲故事，总词数 626123 个；霍克斯重意译，似一个英国人在叙事，总词数竟然达到了 831414 个，而且霍译的词组和句子结构也相对复杂。

《红楼梦》是一部集中华文明之大成的经典巨著，译者在翻译时不能无视其独特的中国式叙事方式，四位译者都保留了《红楼梦》中国传统小说的章回体仿话本形式，倾注了很多心血翻译小说的诗词和回目。比如，小说第一回"甄士隐梦幻识通灵，贾雨村风尘怀闺秀"，四种译文分别为：

杨宪益译: Zhen Shiyin in a Dream Sees the Jade of Spiritual Understanding　Jia Yucun in His Obscurity Is Charmed by a Maid

霍克斯译: Zhen Shi-yin makes the Stone's acquaintance in a dream and Jia Yu-cun finds that poverty is not compatible with romantic feelings

乔利译: Chen Shih-yin, in a vision, apprehends perception and spirituality – Cha Yu-ts'un in the（windy and dusty）world, cherishes fond thoughts of a beautiful maiden

邦斯尔译: Chen Shin-yin in a dream fantasy learns of the Spiritual Intelligence. Chia Yu-ts'un in the world of reality cherishes thoughts of a beautiful girl.

小说的第一回给我们描述了两个对比的空间：超现实的梦境和现实的物境。两个对比的人物：甄士隐，一个乡宦，在现世历劫逃离了红尘；贾雨村，一个穷书生，满怀梦想一心向上攀附。两段对比的情事：一段风流冤孽前世情缘，似假却真；一个丫鬟的无心顾盼成就了一段姻缘，似真却假。汉语的对仗绝不仅是形式需要，它是一种隐喻。显然，霍克斯译本没能完整地传递这个隐喻。但霍克斯译本中有关象似性成功的例子也很多。比如，将贾雨村咏月的一句诗"时逢三五便团圆"译为"In thrice five nights her perfect O is made"。其中用"O"表示月亮的满圆，是典型的"影像符"。另外一个例子就是甄士隐在梦中和一僧一道经过一块大石牌坊，上书四字，乃是"太虚幻境"，霍克斯译本"THE LAND OF ILLUSION"，字母大写，排版时居中单列一行。

下面我们通过一个例子来解读篇章层面的象似性。

中文：原来女娲氏炼石补天之时，于大荒山无稽崖炼成高经十二丈、方经二十四丈顽石三万六千五百零一块。女娲氏只用了三万六千五百块，只单单剩了一块未用，便弃在此山青埂峰下。

杨宪益译：When the goddess Nu Wa melted down rocks to repair the sky, at Baseless Cliff in the Great Waste Mountain she made thirty-six thousand five hundred and one blocks of stone, each a hundred and twenty feet high and two hundred and forty feet square. She used only thirty-six thousand five hundred of these and threw the remaining block down at the foot of Blue Ridge Peak.

霍克斯译：Long ago, when the goddess Nu-wa was repairing the sky, she melted down a great quantity of rock and on the Incredible Crags of the Great Fable Mountains, moulded the amalgam into thirty-six thousand, five hundred and one large building blocks, each measuring seventy-two feet by a hundred and forty-four feet square. She used thirty-six thousand and five hundred of these blocks in the course of her building operations, leaving a single odd block unused, …

我们知道，和英文的"树状"句式不同，中文的句式多呈"竹节"状，叙事中普遍存在顺序象似性。女娲氏补天，炼成顽石，用了三万六千块，结果仅剩下一块，弃在青埂峰下。小说叙事按时间—结果顺序模式，语言结构和意义两相对立。杨宪益译本的谓语动词有 melt、make、use、use、throw，霍克斯译本的谓语动词有 repair、melt、mould、use，杨宪益译本的句式结构基本和汉语一致，如 at Baseless Cliff in the Great Waste Mountain 不同寻常的位置。但杨宪益译本读下来却不如霍克斯译本那么有节奏感和画面感。为什么呢？从形式上看，原文有六个句块（如果按标点切分的话），霍克斯译本增加到了八个，而杨宪益译本仅有四个。如果我们将一个句块比作一个画面，杨宪益译本有四帧画面，霍克斯译本却有八帧，连续播放无疑会更加逼真。当然，汉语重飞白，正如写实的西洋油画和写意的中国画的差别，但飞白和画面背景或空间息息相关，如果飞白造成隔离反而影响识解。这两句给我们描述的是一个缥缥缈缈缈的神话空间，在这里，空间、时间无可考，似乎静止永恒存在。里面的数字"十二"代表十二个月，"二十四"表示二十四个节气，"三万六千五百"代表一个世纪。动作意味着什么？意味着时间的流转，时间流转了，静止感就被破坏了。霍克斯译本减少了谓语动词的使用，增加句块，使节奏放缓，和神话空间具有象似性。

还有一个细节值得注意，那块石头本和其他补天的石头一体，却无运补天，遂自怨自艾，日夜悲啼惭愧。若是石头无情倒也罢了，经历日月风华，它却通了灵性，因此在青埂峰下的孤独可想而知。所以，原文说：只单单剩了一块未用。这里的"单单"是个量词重叠，表示意义的增加。杨宪益译本作"remaining"，基本没有传递这种数量象似性；霍克斯译本用了"single odd"叠加，非常传神。

三、结论

翻译本质上是一种跨文化的认知过程，是一种认知行为，是主体认知能力外化的结果。《红楼梦》作为经典文本，包罗万象。鲁迅先生说："(一部《红楼梦》)经学家看见易，道学家看见淫，才子看见缠绵，革命家看见排满，流言家看见宫闱秘事。"可见，不同识解导致不同的认知结果。其他的汉语典籍也是如此，由于时代的久远和语言的变化以及汉语特有的意合特征，使脱离了时代语境的汉语典籍内容存在模糊性、多解性等特点，这就直接导致了文本意义的后现代性的消解。在后现代中，人们所面对的都是一些有待去理解和解释的表征物，如符号、语言、影像等，由这些表征物构成的文本之外别无他物，文本中抽空的能指之间相互关联着，在彼此的差异织成的网络中延宕着意义的在场。

刘华文同时指出，翻译的后现代性批判并不是一味地去消解，消解的目的还应当是建构，即建立创作主体和翻译主体、原文文本和译文文本之间的主体间性和文本间性的关系。那么，文本间性的关系就必须包括不同语言的表征或能指，因为他们也是意义的一部分。汉语和英语两个表征体系的巨大差异使译者很难维持这种文本间性。译者要么佶屈聱牙的攀扯，要么天马行空地放纵，翻译的效果批评也几乎无章可循，完全凭借个人主观感受或字词的对应评判。认知语法很好地解决了这个问题，从比较微观的层面提供了一种行之有效的翻译路径，译者在源语言文化框架之下识解文本，内化意义认知，进行有效的跨文化译介。

第五节　艺术形象建构——翻译文本经典化视角

一、基本理论

胡安江认为，"经典"实质上就是制度化文本，因此，它无疑是国家和民族主流意识形态的一个重要组成部分。译者一旦趋附当时的主流意识形态，就很容易对文本进行某种共时性和本土化的解读，从而在迎合主流意识形态和诗学规范的同时，争取到更大量的读者群，甚至在此基础上完成翻译文本在目标语文化场域中的经典建构。

佩列维尔泽夫认为，形象的全部内涵、意义和价值在于其特有的情绪感染力，因为我们通过艺术形象了解人类生活，体验不同时代、不同民族、不同社会阶层的千万个人的生命。接受形象，意味着感受他的痛苦，体会他的感情、情绪、想法、命运。他说："形象的语言组织包括形象所表现的性格作为主体的语言，以及性格作为客体的、叙述者和所有讲述他的人物语言。"

法国文论家埃斯卡皮认为，翻译总是一种创造性的背叛。他说："创造性的翻译把作品置于一个完全没有预料到的参照系里（指语言），赋予作品一个崭新的面貌，使之能与更广泛的读者进行一次崭新的文学交流，它延长了作品的生命，并赋予其第二次生命。"

二、《红楼梦》霍译版刘姥姥艺术形象经典建构

《红楼梦》塑造人物众多，刘姥姥仅是一个小人物。曹雪芹妙笔生花，使这个滑稽可爱的乡村老妪成为文学中一个经典艺术形象。清人涂瀛在《红楼梦赞》中曾论到刘姥姥，他说："以刘姥姥深观世故、历练人情，一切揣摩求合，思之至深。出其余技做游戏，如登傀儡场，忽而嫦娥月姐，忽而牛鬼蛇神，忽而老吏断狱，嬉笑怒骂，无不中窥要，会如人意。因发诸金帛以归，视凤姐辈如儿戏也。而卒能脱巧姐于难，是又非无真肝胆、真血气人、真性情者。殆黠而侠者，其诸弹铗之杰者？"我国著名红学家周汝昌在批注《红楼梦》时说："我谓刘姥姥聪明绝顶，是书中第一奇女流也。读者幸勿以可笑之人视之。"目前，《红楼梦》英文译本主要有杨宪益和戴乃迭的译本（简称杨译），霍克斯和闵福德（David Hawks & John Minford）的译本（简称霍译），英国传教士邦斯

尔神父（the Reverend Bramwell Seaton Bonsall）的译本（简称邦译），以及英国驻澳门领事馆副领事乔利（H. Bencraft Joly）的1～56回的译本（简称乔译）。其中，霍译在西方读者中的影响最大，堪称经典翻译文本。但在国内却不乏对霍译的指责之声。本节将探讨霍译版中刘姥姥艺术形象的经典建构，以求窥一斑见全貌，力图理清霍氏翻译意指，领略霍氏《红楼梦》翻译的独特魅力。

（一）霍译版中刘姥姥形象的言语建构

任何艺术形象的塑造都离不开他（她）生活的空间和社会关系。蒋勋说：《红楼梦》的作者曹雪芹有意把刘姥姥带进贾府，让她这个来自乡下、不识字、有点粗粗笨笨的老婆子和生活在富贵荣华中的贾家人进行人性的互动。刘姥姥充满智慧与包容，如癞头和尚与跛脚道人一般，度化被富贵荣华捆绑的贾家人。"

在汉文化中，称呼语体现了"上下有义、贵贱有分、长幼有分"的传统伦理价值观念，代表了人与人之间的一种社会关系，即权势关系。中国和西方存在着不同的社会结构。团体与个人，在西方俨然两个实体，而家庭几若为虚位。中国人却从家庭关系推广发挥，而以伦理组织社会，消融了个人和团体这两端。所以亲属称呼泛化至整个传统中国社会，广泛用于礼貌称呼和拟亲属称呼，象征着强烈的社会等级意识。而西方社会更趋向于公民社会，礼貌称呼并不发达，更少有拟亲属称呼。社会语言学家提醒我们：在跨文化交际中存在着这样一种风险，表面看起来似乎相同的称呼体系却可能表达不同关系。

表3-2列出了刘姥姥主要称呼语以及霍克斯的翻译。可以看出，霍译完全采取了西方读者熟悉的称呼语体系，简化了刘姥姥社会关系的等级秩序。第一层次是贾母（Her Old Ladyship），第二层次为王夫人（Her Ladyship），其他人构成第三层次。这样的简化也带来一个问题，即刘姥姥社会关系坐标定位模糊了。霍克斯采取了一定的补偿措施，让"当事人"自己表明身份。比如，刘姥姥在原文中自称"庄稼人"仅有一回，而霍译中出现5次。

罗纳德·沃德华认为，有很多因素制约着我们对称呼的选择，如特定的场合；对方的社会地位或等级、性别、年龄、家庭关系、职位级别、互动中的关系、种族、亲密程度等。比如，刘姥姥第一次进贾府，称呼王熙凤为"Aunt Lian"，为什么呢？刘姥姥为了一家不被饿死，如"泥中蚂蚁"行至"侯门似海"的贾府，不过是当年狗儿爸爸和王家那点瓜葛。狗儿爸爸为了巴结王夫人的父亲，做了人家的干侄子。王熙凤是贾琏的妻子，又是王夫人的亲侄女，这样七绕八绕地论起来，王熙凤就是"Aunt Lian"了。王熙凤是贾府的掌权人，事关刘姥姥能否打到"秋风"，无论如何也得抓住不放的。等刘姥姥在大观园的地位确立了，王熙凤就变成了"Mrs Lian"。

表3-2　刘姥姥的称呼语

自称	贾母	王夫人	王熙凤	李纨	平儿	周瑞家的
庄稼人	老寿星，老太太	姑太太	姑奶奶，你老	大奶奶	姑娘	周嫂子
Your servant, countryman, country-folk，an old countrywoman	My lady, Your Ladyship, Her Old Ladyship	Her Ladyship	Aunt Lian, Mrs Lian	Mrs Zhu	Miss	My Dear

　　刘姥姥对称呼语的选择也反映了她世故、圆滑的性格特点。比如，《红楼梦》第三十九回，刘姥姥第一次见贾母，忙上前陪着笑，福了几福，口里说："请老寿星安。"脂砚斋批云："更妙，贾母之号何其多耶！在诸人口中则曰老太太，在阿凤口中则曰老祖宗，在僧尼口中则曰老菩萨，在刘姥姥口中则曰老寿星者，却似有数人，想去则皆贾母，难得如此各尽其妙，刘姥姥亦善应接。"刘姥姥深通人情世故，知道贾母这等富贵人家的老人最大的愿望就是长寿。"老寿星"在中国文化中是非常美好的意象，而霍克斯却舍弃了这个意象，译作"Your servant, my lady"，因为在西方读者的认知域中，"老"意味着生命和能量的消逝。霍译消解了原文祝福含义，却突显了两位老人的阶级差别。贾母身为一品诰命夫人，高高在上，刘姥姥仅一村妪，地位悬殊。这样的译法也呼应了刘姥姥见到贾母赶紧上前赔笑行礼，贾母却仅仅欠身问好。我们再来看看贾母的回应，贾母称刘姥姥为"老亲家"，脂砚斋批云："精妙至极。"刘姥姥自称亲戚投奔贾府，贾母出于大户人家的教养称呼刘姥姥为"老亲家"拉近了二者的心理距离，于情于理皆符。

　　老舍先生认为贾母和刘姥姥的第一次见面说的都是地道的北京话，作者没有把贾母和刘姥姥的话写得一雅一俗。单从汉语原文看，这一段的确看不出这两个身份、地位悬殊的老太太说话有什么不同。但在《红楼梦》整个语境中，刘姥姥说话带有明显的个人特征，这也是刘姥姥艺术形象的一部分。每个人的言语都标示了一种社会身份，人们在自己的语言中，经意或不经意地透露了关于自己所隶属的社会团体以及相应的语言团体信息。霍克斯在这一段的翻译中坚持让刘姥姥说"俗"话，而贾母说"雅"话，一俗一雅，对比鲜明。贾母见刘姥姥年逾古稀尚如此康健，很是羡慕。刘姥姥答曰："我们生来是受苦的人，老太太生来是享福的。"霍译为"I was born for a hard life, d'ye see, just as Your Ladyship was born for a soft one."。贾母问刘姥姥牙齿、眼睛可好，刘姥姥答曰："都还好，就是今年左边的槽牙活动了一个。"霍译为"All bar a back tooth on the left-hand side that's getting a bit loose this year."。以上两句中的 d'ye see 和 bar 是带有标记的口语体，是地道的"俗"语。而贾母称呼刘姥姥"old kinswoman"，自称为"old croak"，都是老式英语，是"雅"语。表3-3 为刘姥姥部分标记性语言特征。另外，在句法层面，刘姥姥会说"Fancy that now! And me thinking all along it was the statue."这样不符合规范的句子，活脱脱一个絮絮叨叨的老太太。刘姥姥为了哄贾母和王夫人开心，故意编些似真却假的故事，眉飞色舞，语言却相对贫乏、混乱，如"Now this old dame had an only son, and the son, too, had an only son who in spite of all their care had died when he was only seventeen or eighteen, to their sore and bitter grief."。

表3-3　刘姥姥标记性语言特征

语言特征	例词	标记
口语化	d'ye see，bar，Pa, Ma，an old'un	粗俗
方言	anyways, mayhap, howsomever	乡下人
不规范用语	Meself	不识字
老旧词	'Tis, T'was, dame	老人
典型句式	双重否定句：I shouldn't be surprised if she at least didn't still remember me.	地位较低

（二）霍译版中刘姥姥形象的信仰建构

刘姥姥每一次进贾府总是佛不离口的，这也构成了其形象的一个特征。据统计，《红楼梦》文本总共用了 40 个"阿弥陀佛"，刘姥姥一个人就说了 8 次，在全书人物中是最多的。李根亮认为，刘姥姥言必称佛，可见当时普通老百姓对世俗宗教信仰的虔诚，即使如此地穷困，也没有失去这个精神支柱。霍克斯在多数情况下将"阿弥陀佛"译作"Holy Names"。一些研究者据此认为，霍克思归化式的翻译消弭了《红楼梦》的佛教文化，惊呼"刘姥姥怎么信了基督教了？"，有的研究者甚至将其上升到文化霸权的高度。我们从两个方面来分析这个问题。

　　首先，我们分析一下"阿弥陀佛"的语用功能。"阿弥陀佛"的确源于佛教，是净土宗所遵奉的主佛佛名。在净土宗看来，常诵佛号可积功德，往生西方极乐世界。但刘姥姥口中的"阿弥陀佛"固然有对佛的本能敬畏，更多的是口头语，具有表达惊叹、感激等语用功能。笔者统计了一下，刘姥姥说"阿弥陀佛"8 次和念佛 8 次，语用功能见表 3-4。

表3-4　刘姥姥念佛语用功能

中文	出现顺序及译文	语用功能
阿弥陀佛	① Bless you.	感激
	② Bless us and save us	惊叹
	③ Holy Name	惊叹
	④ Holy Name	请求
阿弥陀佛	⑤ Holy Name	意外
	⑥ Holy Name	意外
	⑦ Holy Name	同情
	⑧ Holy Precious Name	惊叹
念佛道	① invoked the Lord Buddha in pious disavowal	异议
	②直接引语 Holy Name	惊叹
	③ uttering a whole series of "Holy Names"	惋惜
	④未译	惊叹
	⑤未译	感激
咂嘴念佛	wagging her head, alternating clicks of admiration with pious ejaculations	惊叹
念了几声佛	drew many a pious ejaculation	惊叹
念了几千声佛	uttered several dozen "Holy Names"	感激

　　从表 3-4 可以看出，汉语"阿弥陀佛"多数情况下不再具有宗教所指。霍克斯充分了解了"阿弥陀佛"的丰富语用功能，灵活翻译，正确传达了原文意

图。比如，《红楼梦》第六回刘姥姥初进贾府，周瑞家的决意帮忙，刘姥姥说："阿弥陀佛！全仗嫂子方便了。"这里的"阿弥陀佛"除了表达感激之外，还隐含周瑞家的在做善事积功德，必得佛祖佑护。霍克斯巧妙地译作"Bless you"，大有好人有好报的蕴义。刘姥姥第二次说"阿弥陀佛"是在小说第三十九回。刘姥姥闻贾府一顿螃蟹宴竟然花了二十两银子，惊呼"阿弥陀佛！这一顿饭够我们庄稼人过一年了"。如此奢靡，罪过、罪过啊。霍译"Bless us and save us"恰如其分，这个英文表达也被用在了另一处。《红楼梦》第六回，女婿鼓动刘姥姥到贾府"试试风头"，刘姥姥云："哎呦！可是说的'侯门深似海'，我是个什么东西，他家人又不认得我，我去了也是白去的。"霍克斯将其中的感叹词"哎呦"译成"Bless us and save us"，想来十分贴切。再举一个霍译"无中生有"的例子，《红楼梦》第四十回，贾母领着刘姥姥游大观园，行至潇湘馆，刘姥姥不小心捧了一跤，贾母问她："可曾扭了腰不曾？叫丫头们捶一捶。"刘姥姥道："那里说得我这么娇嫩了。那一天不跌两下子，都要捶起来，还了得呢。"霍译文中刘姥姥首先说了句"God bless my soul"。刘姥姥认为，庄稼人就是劳作的命，娇气就是违背天命，就是罪过。佛教所谓作恶业得恶果，基督教也有七宗罪之说，西方读者读至此想必会引起共鸣。

其次，刘姥姥是佛教徒吗？我们来看下面一个例子，《红楼梦》第三十九回，刘姥姥二进贾府见了贾母，编了个九十多岁的老奶奶吃斋念佛感动观音菩萨的故事。霍译文为：In a farmstead east of ours there was an old dame of more than ninety who had fasted and prayed to the Buddha（吃斋念佛）every day of her life. At last the blessed Guanyin（观音菩萨）was moved by her prayers and appeared to her one night in a dream. "It was to have been your fate to be cut off without a heir," the Blessed Mother（送子观音）told her, "but because of your great piety, I have petitioned the Jade Emperor（玉皇大帝）to give you a grandson."（注：括号为笔者所加）

在这一段出现了非常有趣的现象，吃斋念佛是佛门事，观音菩萨也是佛门主神，怎么会发生观音菩萨向玉皇大帝请示的事呢？其实这就是刘姥姥的信仰。刘姥姥信菩萨、信命，也相信玉皇大帝的存在。刘姥姥相信一切神佛（gods and Buddha）：茗玉小姐死后塑像被供奉在祠堂（shrine）；惜春是神仙托生的（one of the holy spirits born in a human shape）；巧姐生病可能是撞见了花神（flower spirit），需要烧纸钱（spirit money）送祟；人的姓名蕴含命理；请些高香烧给佛祖（buy some sticks of best incense and offer some to the Lord Buddha），保佑

贾家人长命百岁。（注：括号中的英文为霍译）

　　冯友兰先生认为，中国人宗教意识不浓，是因为他们的哲学意识太浓了。他们在哲学里找到了超越现实世界的那个存在，也在哲学里表达和欣赏那个超越伦理道德的价值；在哲学生活中，他们体验了这些超越伦理道德的价值。梁漱溟先生却认为，自中国有孔子以来，便走上了以道德代替宗教之路。刘姥姥是中国的普通老百姓，哪里管什么宗教、哲学、伦理道德、释迦牟尼、各位菩萨或者玉皇大帝、各路神仙，哪一个正统无关紧要，能救苦救难、降福消灾的神灵都要顶礼膜拜。刘姥姥的艺术形象照射了千百万的中国人，他们坚韧、功利、务实、圆滑，但知恩图报。文化和道德的本能观照宗教，形成独特的中国人的信仰。霍克斯对于这个中国传统核心文化的处理是慎重的，他一反常态地采取直译，保留了刘姥姥"他者"艺术形象。

（三）霍译版刘姥姥形象的叙事建构

　　《红楼梦》英文文本经典化过程取决于西方读者能否被刘姥姥等艺术形象感染。形象的体验不同于认知思维活动，但必须以认知为基础。霍译充分注意到了这一点。比如，刘姥姥个人方言在莎士比亚、马克·吐温、杰克·伦敦等经典名作中很容易找到互文映射。同时，在保证刘姥姥艺术形象完整性基础上，用"Holy Name"等译法可适当减弱宗教信仰的他者形象，拉近和西方读者的心理距离。

　　汉英两种语言和文化存在天然的异质性，汉语正如中国画，讲究"以意统形""以神摄形""遗形写神"，突出主体，把与此无关的内容舍去，造成画面虚白，留下意会—联想空间；英语则同西洋画，强调"以形统意""以形摄神""以形显义"，着重写生，追求形象逼真，"历历俱足""甚谋甚细"，给人以真实的感觉。翻译文本的经典化的前提是译者的"专业规范"最大限度地迎合目标语读者的"期待规范"。

　　比如，《红楼梦》第四十回，刘姥姥随贾母到了黛玉的住处，见窗下案上设着笔砚，书架上垒着满满的书，以为是哪位贾府公子的书房。贾母告诉她这是黛玉的屋子。刘姥姥的反应是"留神打量了林黛玉一番"，霍译"As though incredulous, Grannie Liu studied Dai-yu attentively for some moments in silence."。在刘姥姥的认知域中，女孩子应该纺线织布绣花的，读书写字该是男人的权利，女孩子怎么会住这样的屋子呢？汉语并没有明写刘姥姥的心理活动，但读者仍然能从语境中领会出其半信半疑的心理活动；而英语的形合特点要求译者在叙事过程中明示刘姥姥的心理。同样在四十回，贾母这边说声请，刘姥姥便站起来，高声说道："老刘、老刘，食量大如牛，吃个老母猪，不抬头。"她却鼓着腮帮不语。霍克思将"自己却鼓着腮帮不语"译为"Having concluded, she puffed out both cheeks and stared in front of her with an expression of great determination."。译文不仅增加了时间的连接词"Having concluded"，而且更加细致地描述了刘姥姥的神态和表情，简直呼之欲出。

汉英两个民族有着不同的文化和思维方式，有时需要译者在叙事过程中以阐释者的面目出现。比如，贾母他们吃完了饭，就到探春的卧室去唠闲话。这里收拾残桌，又放了一桌。刘姥姥看着李纨与凤姐儿对座吃饭，叹道："别的罢了，我只爱你们家这行事，怪道说礼出大家。"凤姐儿忙笑道："你可别多心，刚才不过大家取乐儿。"除了翻译已有信息以外，霍译增加了以下三条阐释性信息：① Grannie liu had lingered behind. ② She was greatly impressed by this glimpse of the upper-class etiquette which requires young married women to eat on their own when the rest have finished. ③ The compliment was sincerely meant, but Xi-feng understood it in a different sense.。第①条是逻辑补充阐释，大家都去探春房间了，刘姥姥落在了后面，所以才看见李纨和贾母吃饭；第②条是文化信息补足，在中国传统大户人家，按照礼仪，媳妇儿必须先伺候婆婆吃完饭后才能吃饭的，如果不说明，西方读者必如坠云雾之中；第③条属于民族思维方式阐释，中国人比较含蓄，指桑骂槐也是常有的事，如不点明，相对率性直接的西方读者怎么会理解王熙凤以及后来鸳鸯听了刘姥姥的恭维话的反应？

翻译学家吉迪恩·托里（Gideon Toury）指出，文学系统的规范要求译文遵守"认可的文学模式"。霍克斯的做法，相信或多或少也受到文学成规的影响（指英语文学），也许他根本就有意参照西方小说的做法来进行翻译。朱光潜说，中国小说力图将一个复杂的故事讲得简单，而西方小说总是尽量将一个简单故事讲得复杂。小说第四十一回，刘姥姥醉卧怡红院，从刘姥姥出厕迷路到在宝玉床上睡着，原文 747 字（版本不同，可能略有差异），杨译 609 字，而霍译足足 1012 个字。西方小说叙事重逻辑，也重细节写生。刘姥姥酒醉到宝玉房中，见到镜中一村姬，满头的花甚是滑稽，便笑那镜中人好没见过世面。镜中人却不答话，刘姥姥突然就意识到面前是个穿衣镜。霍克斯在中间加了整整一段细节描写，着实自然而生动。我们不妨来欣赏下："The other merely grinned back and said nothing. Grannie Liu stretched out her hand to give her the touch of shame. The other old woman stretched her hand too to stop her. After a brief, soundless skirmish, Grannie Liu managed to get her finger onto the other one's face. But no sooner had she done so than she recoiled in horror, for the cheek she touched was as cold and hard as a block of ice."

西方小说长于心理描写。霍译这一部分刘姥姥的心理活动异常丰富。通过以下关键词句便可知端倪：...contemplated with some astonishment... Hmn. Bean sticks. What are they doing here? ...surprised ... "Strange!"... but where was it? ...Ah,yes! There was the door...to her intense surprise ...causing her momentary palpitation of the heart...with much amusement... recoiled on horror...Yes, no doubt of it: it was a mirror... She laughed at her own error. ... "Yes, but now how do I get out of here?" ... so frightened... pleasantly surprised...gratefully。不仅如此，刘禾发现，霍克斯创造性地将英语现代小说叙事手法用于《红楼梦》的翻译。比如，"Ah, yes! There was the door."采用自由间接引语来翻译刘姥姥的内心语言。而这样的文体学特征在曹雪芹的原著中是无从寻觅的。刘禾认为，经过霍克斯润色后的翻译无疑是更完美的现代英语，更为接近现代英语读者的品位。也就是说，霍克斯在现代英语传统的文体范围中"重写"了《红楼梦》这本 18 世纪的中国小说。

三、结语

经典文学的原创性是其不可或缺的标志。读者认同文学作品创造的新鲜意象，被其塑造的人物形象所感染。中国汉语典籍，尤其是小说典籍，塑造了众多饱满的人物形象。这些艺术形象不断地以不同形式被重述和改造，继续着其经典化的历程。原文本是否在新的语境中被创造性"重述"决定着这些典籍的存在或消失。在国内如此，在异域文明中更是如此。归根结底，打动读者的是能触动心弦的艺术形象。《西游记》中的孙悟空、《三国演义》中的关羽、《水浒传》中的鲁智深，无不契合中华民族淳朴的道德取向和美好愿望。

霍译版本的 Grannie Liu 可能和曹雪芹笔下的刘姥姥的艺术形象不完全一样，因为他们站在不同的认知场中，说着不同的语言。但我们也应该清醒地认识到，汉语典籍翻译不同于一般的文学翻译，承载着文化交流的重任，将一个完全变味的"中国文化"呈现给英文读者也是极其不负责任的。比如，我们无法接受将林黛玉描写成荡妇，将关羽翻译成一个黑社会成员。汉语典籍英译在西方世界的经典化过程，除了要靠译者在中华文明这个大框架下适度"再创造"，也需要其他媒介形式的共同努力，尤其是经典文本的可视化再生产。比如，好莱坞一部动画片《花木兰》让众多的西方人了解了这个中国历史上的奇女子。

第四章　春秋之风

第一节　从《邶风·击鼓》英译本看译者
主体性与文化误译的关系

一、引言

　　道格拉斯·鲁滨逊于 1991 年发表的《译者登场》，开创了"重视译者因素"的研究方向，使译者的主体性逐渐获得了相应的重视。近二十年来，译者主体性研究在国内的翻译论文里被不断提及，国内的核心期刊和主要学术刊物已经发表了把译者主体性广泛地应用于英汉、汉英的各类翻译实践和翻译标准的百篇论文。但是，当代西方翻译理论对文学翻译译者主体性研究也存在弊端，即过多地关注译者主体性的分析研究，缺乏对译者主体性与译语文化误译的分析研究。

　　《诗经》是中国古代第一部诗歌总集，记录了从殷商至春秋中叶五百多年的咏颂诗歌，为中国典籍的六经之首。它的语言散射着多彩绚烂的东方民俗，蕴含着古老而神秘的东方文化，音韵和谐，一唱三叹，因而在中国文化的译出过程中困难重重。在苏格兰新教传教士理雅各（James Legger）翻译的《诗经》散译本中，不可避免地出现了一些文化误译，但该译本却受到普通读者的欢迎。Nord 认为，文化误译是由于对文化特性和文化习俗的认识不充分，对其复制或适应所采取的策略不准确造成的。换言之，如果译者对于源语文化有充分而准确的认识，又采取了恰当的翻译策略就不会造成文化误译吗？在文化误译产生的过程中，译者又发挥了怎样的作用呢？文化误译与译者的主体性之间存在着怎样的关系？

　　本节选择了《诗经》中的《邶风·击鼓》篇的两个英译本，分别为理雅各1871 年的散译本和许渊冲的韵体译文。从译者发挥主体性的角度，立足于源语研究，追溯源文本的文化、历史环境，针对译者的背景、翻译目的和译语表达等方面，对散体英译本和韵体译本进行了平行对比研究，探讨了文化误译和译者主体性之间的关系。

二、文化误读和译者主体性的概念界定

哈罗德·布鲁姆（Harold Bloom）在《影响的焦虑》（*Anxiety of Influence*）一书中将"误读"命名为"克里纳门"（clinamen），使"误读"成为一种理论。翻译作为一项复杂的跨文化交际活动，由于英汉两种语言巨大的差异、译者翻译能力等因素，翻译的目标与实际的译文之间存在一定距离，因而产生误译。其中文化误读就是译者按照自身的文化素养、认知思维方式、自己所理解的一切去解读另一种文化。尤其是中国典籍的英语译出翻译，由于中国典籍语言和文化的民族性、历史的久远、语内翻译和语际翻译的双重转换等众多障碍，不可避免会出现文化误译。

对译者主体性的研究，国内外相关的著作和文章非常多。许钧指出："译者主体意识指的是译者在翻译中体现的一种自觉的人格意识及其在翻译中的创造意识。"在文学翻译中，译者的主体性的研究对于中国传统译论"信、达、雅"起到了颠覆的作用，对作者主体性的"忠实""对等"提出质疑。翻译的实质是译者在"译语条件下为达到特定目的在面向译语读者的语境中创造文本的过程"。翻译研究的对象由原文转移到译著、译者和读者。译语文本不再是对原著寻章摘句的严格对应的翻译，而是经读者、译者解读后，在译语文化语境中实现译语的创造性和艺术性的再现。但是，对译者主体性的重视不能完全取消原文作者的主体性。因此，译者主体性是指在尊重翻译对象和原作者的前提下，译者在翻译活动中所表现出来的适度创造性。译者的主体性地位体现在翻译活动中的每个过程，即理解、选择和创造。首先是阅读和理解原文，选择哪种原文版本进行翻译；其次是翻译策略和目的的选择以及文本中的遣词造句；最后是译文的表达与发行及读者的接受程度等。

三、理雅各和许渊冲的跨文化身份

理雅各（James Legger）具有多重身份，他是近代英国第一位著名的汉学家兼来华新教传教士，也是首位研究和翻译中国经典的翻译者。当时，理雅各所处的英国正处于鼎盛时代，而中国由于鸦片战争而处于落寞时代。由于《诗经》在中国文化中的重要地位，理雅各曾经三次翻译《诗经》，倾注了无数的心血。他依据中国晚清丰富的《诗经》学解释资源和当时西方学者的中国研究

成果，分别有 1871 年散译本、1876 年韵译本和 1898 年选译本三个版本。理雅各 1871 年版译本的语言相对于 1876 年版译本而言，受到普通读者的欢迎，成为连接东西方文化之间的跨文化经典译本之一。理雅各在实现了解和传播中国文化重任的同时，也肩负着传播基督教文化和从文化上进行西方殖民统治的政治目的。在 1879 年的无韵体选译本中，理雅各选译了含有浓厚宗教色彩的诗篇，在他的英译本中出现了"上帝"，译文中的中国宗教具有鲜明的基督教教化特点，这为基督教在中国的传播奠定了基础。

许渊冲先生 1921 年生于江西南昌，是北京大学教授兼翻译家，他从事文学翻译六十余年，是当代中国古诗词对外翻译的大家，被誉为"诗译英法唯一人"。他的《诗经》全英译本体现了其音律美、形式美、意境美三美理论。该译本的突出特色是采用韵体翻译，灵活再现了诗歌的音韵美；重章迭唱的翻译形式凸显了诗歌情感的抒发；文化意象的保留传达了诗歌深刻的中国宗教文化内涵，传递了中华民族特有的神秘文化韵味。

四、原文本的语内翻译

下面是《邶风·击鼓》篇的原文：

击鼓其镗，踊跃用兵。土国城漕，我独南行。

从孙子仲，平陈与宋。不我以归，忧心有忡。

爰居爰处？爰丧其马？于以求之？于林之下。

死生契阔，与子成说。执子之手，与子偕老。

于嗟阔兮，不我活兮。于嗟洵兮，不我信兮。

该诗的英译过程首先进行的是语内翻译，即用现代汉语完整准确地理解古汉语原文；其次是语际翻译，即用现代英语完整准确地表达古汉语原文的现代汉语意思。下面就对该诗的历史背景进行考究。

《邶风》主要是在邶地产生或是以邶地曲调进行歌唱的诗歌，其中《击鼓》应为战争中贵族思归之作。《击鼓》的主题存在多种说法，根据《诗经》中最早的注解《毛诗诂训传》（简称《毛传》）和郑玄的《毛诗传笺》（简称《郑笺》）。而朱熹《诗集传》则被认为是诗人与其家人的誓言。袁愈婴、唐莫尧认为："卫国兵士，远戍陈宋，久役不得归，怀念妻子，回忆临行与妻子诀别之词。"如今"执子之手"已经成了生死不渝的爱情的代名词，但到底它是指什么呢？

首先，从时代背景看，根据《诗序》云："《击鼓》，怨州吁也。卫州吁用兵暴乱，使公孙文仲将而平陈与宋，国人怨其勇而无礼也。"而诗中"从孙子仲，平陈与宋"两句与《诗序》所说相合，讲述了作者跟随公孙文仲平定陈宋两国之事。《左传·隐公四年》及《史记·卫世家》也都记载了宋、卫、陈、蔡四国共伐郑国之事。据此可推知《击鼓》描写的是鲁隐公四年（前719年），卫、宋、陈等诸侯第二次讨伐郑国的历史。细读诗歌，诗句表现了主人公参加战事的过程，抒发了对战争的忧虑厌怒和思乡怀人之情，而非对州吁用兵暴乱的怨恨之情。因此诗歌的主题为戍卒思归之作有一定道理。

开篇，诗人以"击鼓其镗"起兴，《毛传》："镗然，击鼓声也。使众皆踊跃用兵也。"通过震耳的鼓声一下子就把读者带到了春秋时期诸侯兼并厮杀的惨烈的战场上。"土国城漕，我独南行"，一个"独"字道出作者悲惨的遭遇。通过这种心酸的对比和选择，更突出了主人公的遭遇悲惨，将人民的厌战情绪和对频繁发动战争的统治者的怨恨表达得淋漓尽致。

第二章中诗句"从孙子仲，平陈与宋"，以赋铺陈，写自己跟随将军联合陈、宋两国。"不我以归，忧心有忡"，《郑笺》云："与我南行，不与我归期。"《孔疏》云："当往之时，不于我以告归期，不知早晚得还，故我忧心忡忡然，豫忧不得归也。"表达了诗人不能回家而被迫出征的悲凉心情！

第三章通过设问形式使诗文表达的内容更为凄苦。"爰居爰处，爰丧其马。于以求之？于林之下。"《孔疏》："从军之士惧不得归，言我等从军，或有死者、病者，有亡其马者，则于何居乎？于何处乎？于何丧其马乎？若我家人于后求我，往于何处求之？当于山林之下。以军行必依山林，死伤病亡当在其下，故令家人于林下求之也。"在孔氏的阐释中，战争必然带来丧马走林或弃车走林、战马独存的凄惨景象。在诗人的眼中，战争就是死亡，通过对战马逃逸的侧面描写烘托了士兵渴望逃离战争束缚，早日与家人团聚的心情。诗人自述"爰丧其马"，而春秋时期，按照礼制，下层士卒不配备车骑，诗歌主人公在战争中吟诵到他的战马，可见其地位较高，说明诗歌应为战争中的贵族阶级思归之作。

第四章中诗人唱出了千古绝句"死生契阔，与子成说。执子之手，与子偕老。""契阔"二字，《毛诗》训成"勤勉"，《郑笺》谓"从军之士，与其伍约：'死也、生也，相与处勤苦之中，我与子成相说爱之恩'（沙场上军士之间相互勉励约定相互救助的盟约。不管遇到什么危难，我们都不要独自跑掉而不顾对方）。"；朱熹注："契阔，隔远之意。"而且在古代汉语里，"子"可指男、女，而多指女子。因此，根据原诗的历时创作背景和诗歌的语境分析，对于久役不得归的诗人而言，唯一能够自我安慰的是临行前与妻子依依告别和海誓山盟的爱情："执子之手，与子偕老。"

第五章中诗人从回忆回到了现实，誓言的痛苦转化为撕心裂肺的呼喊"于嗟阔兮，不我活兮。于嗟洵兮，不我信兮"。可见，该诗应该是通过一个被迫参加远征异国、久戍不归的一般贵族口吻，控诉了对弃车走林这样凄惨的战争场景与思念家人之间的忧愁和痛苦。而篇中"执子之手，与子偕老"是怀念妻子，回忆临行与妻子诀别之词。

五、译者主体性在对原文阐释上的体现

（一）《击鼓》篇名的翻译

《诗经》中记载，周人用乐器发出的声音作为战争的信号，指挥军队进退。《毛传》中说："钲以静之，鼓以动之"，表现了战争的有序性。《击鼓》开篇就写到演武之事："击鼓其镗，踊跃用兵"，描写了古代练兵的场景，即在咚咚的战鼓中，士兵应着鼓点或进或退，踊跃劈刺，操练刀枪。用"镗"来形容击鼓之声，可见，鼓在战时的作用是巨大的。在周代的礼乐文化中，鼓由于声音洪亮、气势雄伟而作为战场上鼓舞士气、统一号令的工具，不仅在战场杀敌时用击鼓来鼓舞士气、震慑敌方，在训练军队的时候也需要用到，这反映了乐器在古代战争中的重要性。

因此，诗歌名称的翻译不单单是几个单词的翻译，还包括了译者对原诗整体的把握和理解。理雅各采取了汉语拼音，屈从于原经典文本的权威，保留不译，将《击鼓》篇名翻成"Ji Gu"。许渊冲采取了意译，翻成"Beating the Drum"，保留了源语的鼓文化历史内涵和诗歌的音乐性。不管是理雅各的音译，还是许渊冲的意译，都反映了两位译者对于这首诗不同的解读及其译者主体性的体现。

（二）韵体诗和散体译本的选择

用韵是中国古代诗歌非常重要的一个文化传统，《诗经》中有着丰富的韵脚，具有强烈的音乐性和节奏感，而且诗歌本是可以演唱的乐歌。

20世纪90年代，许渊冲先生对《诗经》进行翻译，并于1993年出版了《诗经》英译本，这是第一本由中国译者翻译的《诗经》英语全译本。该译本为韵体诗，使用双行押韵或隔行押韵的韵律形式，尽力再现了《诗经》的"音、形、意"三方面的诗性效果。

19世纪末，由理雅各翻译，于1871年伦敦的亨利弗劳德书局出版的《中国经典》（*The Chinese Classic*）的英译本，是西方传播的第一个《诗经》英文全译本，译者使用无韵体形式对原诗进行翻译。

击鼓

击鼓其镗，踊跃用兵。土国城漕，我独南行。

Ji gu

Hear the roll of our drums!

See how we leap about, using our weapons!

Those do the fieldwork in the State, or fortify Cao,

While we alone march to the south.

——理雅各译

Beating the Drum

The drums are booming out;

We're busy all about,

Building walls high and low.

Alone I southward go.

——许渊冲译

该诗第一节使用尾韵，一、二、四句用韵，韵脚在各句尾字上。镗、兵、行是实字，属于阳部。

理雅各没有使用韵体翻译，而是采用散体翻译，可见他低估了《诗经》的韵体诗歌价值，认为《诗经》这种简单而古老的语言风格不适宜用韵体表现。从而采用了看起来忠实的散体译文。

理雅各的译文在内容上很真实，译文利用散文分行译出，每个诗行的音步不统一、不分节、无韵脚，也无抑扬顿挫的诗歌韵律，只是简单描写和叙述，缺少了原诗的形式与声音的精彩，显得呆板而机械。相比之下，许渊冲的韵体译文则显得生动而活泼，形式上利用英语的轻重音节，每行四个音节最大限度地再现了原诗的四言诗的形式，强弱有力，节奏明朗，同时采用了 aabb 的双行韵脚，辅音 /t/ 和原音 /ou/，分别从形式和声音上表现战场的喧嚣和诗人的哀怨。可见，译者主体性的发挥体现在译者是否愿意主动地参与到诗歌意义的再现之中。

爰居爰处？爰丧其马？于以求之？于林之下。

Here we stay, here we stop;

Here we lose our horses;

And we seek for them,

Among the trees of the forest.

——理雅各译

Where stops and stays our force?

I've lost my battle horse.

O where can it be found?

It's buried underground.

——许渊冲译

首先，诗句"爰居爰处？爰丧其马？"《经传释词》卷二曰："爰即于时，于时即於是也。或训为于，或训为於，或训为曰，或训为於是，其义一也。"这里"爰"是一个有实义的介词，不表示任何语气。因此可理解为"在哪里居住？在哪里丧失了我的马？"也可理解为"哪里居住？哪里丧失了我的马？"可见，虽然原诗没有使用疑问语气，却使用问号表达了疑问语气。该节中"爰、于"为虚字用韵，意尽而音未决，渐强渐弱，赋予强烈的情感。

理雅各译文使用陈述语气，没有保留原文的疑问语气，对"爰"的文化把握不准确，把原诗翻译成了散文，缺少了韵味和感染力。而许渊冲的译文采用双行押韵，第三行的句首利用语气词"O"，保留了原文的译文语气，一唱一和，再现了原诗的声美和意美。

其次，"马"在《诗经》中是一个重要的动物意象，据统计，《诗经》中言及"马"的诗作多达51首，涉及马的名目27种，其中征夫的生命悲苦很多都是借助"马"意象来表达的。

"爰居爰处？爰丧其马"中出现的"马"不只是单纯的动物形象，不仅存在"意"的成分，而且融入了作者的主观情感，成为一种审美的"意象"。诗人把"马"作为诗歌主体，直叙战争中"弃马走林"的悲惨景象或战马独存、无以回乡的悲哀之情；同时借战马起兴，来烘托情景，构造诗的意境，以配合抒情、隐喻恬静的田园家庭生活。在周人的婚姻礼制之中，"马"占据着相当重要的地位。《周南·汉广》曰："之子于归，言秣其马""之子于归，言秣其驹"。马不仅是迎亲工具，"秣马"又是一种迎亲的礼仪，即用谷子喂马，马喂饱才可上路，以寄寓对新人的祝福。可见，诗人先以"马"起兴，然后情景交融，暗喻情爱、相思和婚恋，表达了对幸福田园家庭生活的向往。然而，随着社会和人类的发展，附着于马这个语词之上的情爱的意义已逐渐消失，而在西方文化里，马是野性动物本能的象征。

根据周国宝的研究："就马这一动物而言，虽然中国的马和英语国家的马可能因品种不同而存在着某些方面的差异，但其外貌、生理、习性、作用等方面的整体属性却没有本质性差别，而基于人类相同的大脑结构和认知规律，人们把长期与马接触所形成的'高大英俊、快速、能干'等形象，通过比较和联想而映射到自身身上，就自然而然地形成了英汉两种语言中共同存在的human=horse（人是马）的隐喻。"比如，英语中的"clotheshorse"是指讲究穿衣的人，这与汉语中的"人靠衣装马靠鞍"有相似的含义。在《击鼓》诗中，马的意象来源于人的现实生活，反映和表现的是"人"的感情和意志，寓指马的原始生命力遭摧残、受到伤害。在这里，马和作者一样处于痛苦之中，生命处于危险之中。

通过以上分析得出，英汉两种语言对于"马"意象的理解既有相似之处，也有不同之处，两者不能完全等同。

理雅格的译文采用直译的方式，对原文进行了解释性的翻译，没有将原诗中设问设答的形式翻译出来，将马译为"horses"，只译出了原文的一层意思，而丢掉了"马"起兴的含义。这样的直译忽略了马意象背后的文化内涵，必然会使译入语读者对原作内容的理解产生偏差。从理雅各的英文翻译来看，他对"马"这个词传达的对宁静的田园生活的向往之"意"理解得并不透彻，一定程度上，这是文化层面的误译。

译者可以将马译为"battle Horse"表明马的第一层语义，通过大写 H 表明其为意象词，给读者留有想象的空间，并通过后句诗的意译来指明其文化内涵。

六、译者创造性的体现

译者创造性是译者主体性发挥的主要形式。诗歌的翻译目的除了语言和形式之外，还包括诗歌的鉴赏以及诗歌作品本身所涉及的各方面，那么译者创造性翻译依赖于译者主体性的发挥。

死生契阔，与子成说。执子之手，与子偕老。
For life or for death, however separated,
To our wives we pledged our word.

We held their hands;

We were to grow old together with them.

——理雅各译

Meet or part, live or die,

We've made oath, you and I.

Give me your hand I'll hold,

And live with me till old!

——许渊冲译

根据前文的分析，本章中的"死生契阔，与之成说"是诗人追述临别与妻子执手相看时声泪俱下的誓言。理雅各的散文译本不仅忠实于原文的内容，而且用词考究得体，情感表达强烈，创造性地再现了原始的语言魅力。许渊冲的译文仍然使用双行押韵，创造性地使用 /aɪ/，音似汉语的"爱"，/d/ 的浊辅音表现了誓言的沉重与无奈，可谓声美、音美和形美。

七、结语

基于以上分析可见，理雅各的散体译本虽然存在一定的文化误译，与许渊冲的韵体译本存在一定的差距，但文化误译与普通误译是不同的。文化误译不是真正的误译，是允许的，其正面的作用在于给读者留存一份文化差异感、神秘感、原文感。此外，文化误译具有现实的重要作用，是译者跨文化交际中表现出的无可奈何的弊端。这是一个翻译主体因为受到自身文化背景、目的等诸多限制因素而表现出来的不可避免的局限性，也是翻译中译者主体性发挥的具体体现形式。当译者必须选择一种翻译来表达原文时，就应该接纳它的局限性。

第二节　《诗经》中叠音词的英译

《诗经》作为我国第一部诗歌总集，具有重要的历史文化地位。迄今为止，《诗经》翻译已经有三百多年的历史，仅英语翻译也已经有逾百年的历史。世界上几乎每一种主要文字都已经有了《诗经》译本。然而，尽管如此，《诗经》翻译研究的历史却并不长，而对《诗经》中叠音词的翻译研究一直是一个较为薄弱的环节。据统计，《诗经》中共有 183 篇使用了叠音词，用来拟声绘色、表情达意，将诗歌的形象性、音乐性和语意性发挥得淋漓尽致。但是，《诗经》的英译中出现了对叠字的遮蔽现象，造成文体风格的缺失，使译文读者难以体会《诗经》诗句的风采与神韵。有鉴于此，本节就《诗经》中叠字之美和叠字的英译两方面进行了系统的探索与研究。

一、《诗经》叠音词之美

叠音作为一种修辞手法，在口语和书面语中都大量使用。汉语中大多数词类都会有重叠形式。叠音词又称叠字、迭字、重叠词、叠音词或称叠音，是指相同的词、词素或音节重叠使用。刘勰在《文心雕龙·物色》中就强调指出，叠音词的使用是形象描写客体、反映主观情感的需要。所以，叠音是语言常见的修辞手段，以最简单的叠音词表达了最丰富的情感，写起来酣畅，读起来痛快，体现了语言的韵律美、形象美和修辞美。正因如此，汉语叠音词被大量运用于古典诗词中，用来摹形绘色、写景状物、渲染气氛和刻画人物形象。下面我们不妨通过几个例子来领略一下叠音之美。

> 昔我往矣，杨柳依依。
> 今我来思，雨雪霏霏。
> 行道迟迟，载渴载饥。
>
> ——《诗经·小雅·采薇》

诗中一连用了"依依""霏霏""迟迟"三个叠音词来描摹周围环境。昔日离乡从军时，春天万丝杨柳，迎风漂浮，诗中用"依依"来形容杨柳在春风中披拂的姿态。今日归来，雨雪霏霏，雪花漫天飞舞，路途劳顿，诗中以"霏霏"描绘雨雪交加的景象，以"迟迟"描绘路途之苦。三个叠音词的连用将美好的回忆与眼前的悲凉景象展现得淋漓尽致。

> 风雨凄凄，鸡鸣喈喈。
> 既见君子，云胡不夷？
> 风雨潇潇，鸡鸣胶胶。
> 既见君子，云乎不瘳？
>
> ——《诗经·郑风·风雨》

诗中通过"凄凄""喈喈""潇潇""胶胶"这四个叠音词展现了少女热恋中的感情变化。根据少女的"触觉""听觉""视觉"写风雨清冷逼人，潇潇有声，昏天黑地，再加上那不知趣的乱鸣乱唱的声声鸡鸣，将忧郁热切的色彩毫无保留地涂抹在少女所处的环境上。

> 及尔偕老，老使我怨。淇则有岸，隰则有泮。
> 总角之妻，言笑晏晏。信誓旦旦，不思其反。
> 反是不思，亦也焉哉？
>
> ——《卫风·氓》

这首诗是《诗经》中一首著名的爱情诗，叙述一对青年男女由两小无猜、结婚到男子变心抛弃女子的爱情故事。该诗主要叙述"我"在回家的路上，路过淇水时对往事的回忆。回忆和现实不断交叉叙述，反映了女主人公留恋往昔又悔不当初、怨恨薄情郎的复杂矛盾心情。这里的"晏晏"和"旦旦"两个叠音词都是描写人物的神情风貌的。当初"氓"与"我"彼此亲密无间，两情相悦，在一起总是有说有笑。"氓"说话的声音那么柔和，态度是那样诚恳，仿佛就在耳边回荡。诗中用这两个叠词，把女子悲凉的处境和自怨自艾的痛苦心情展现得淋漓尽致。

可见，《诗经》中的叠音是一种重要的修辞手法，它的主要语法功能是摹形绘色、写景状物、渲染气氛和刻画人物心理。它是融形美、音美和意美为一体的绝佳的语言艺术。对于叠音词，形式就是内容，因为神以形从，立形方能传神。

二、汉英叠音词对比

按重叠形式来看，汉语的叠音词形式可以分成 AA 型、AAB 型、ABB 型、AABB 型、ABAB 型、AABC 型、BCAA 型、ABAC 型等。而《诗经》中"AA 型"的叠音词现象最为普遍，多用于诗行的首端和尾端。从重叠音节结构来看，英语的重叠形式可以划分为音节完全重叠、音节近似重叠和特殊重叠三种。比如，"tittle tattle, tittle tattle""rat-tat""year after year"等。从结构来看，英语叠音词就是语言中某一成分的重复，包括音、词、短句、分句等。

从语义角度看，《诗经》中的叠音词一是摹声，二是拟写事物的态貌，而且"摹状"的叠音词远远多于"摹声"的叠音词。从词性上看，叠音词大多数是形容词，但与一般的形容词不同，它不像美、丑、长、短等词直接说明事物的性质或状态，而是以重叠的音节来烘托出事物的状态或面貌。英语中大多数叠音词都来自外部世界的象声词、儿童语言、感叹词、口号、俗语等。由于英语叠音词结构的形式多样、应用极其灵活，因此，它们在句中做各种成分。

从修辞效果来看，英语和汉语中的叠词都是为了加强语气，增强语言表现力，抒发强烈的思想感情，增强语言的节奏感。《诗经》中的叠音词是融形美、音美和意美为一体的诗化的语言。英语叠音词多半属于非正式文体，但由于英语叠音词结构形式多样，语义灵活，常常作为一种重要的修辞手法出现在英美文学中，如头韵、尾韵等。这些文学叠音词不仅具备信息功能，还具备表情功能和美感功能。比如，布莱克在《虎》中写道：

Tiger! Tiger! Burning bright
In the forest of the night,
What immortal hand or eye
Could frame thy fearful symmetry?

诗中，诗人用了两个"Tiger! Tiger!"，头韵"burning bright"和"frame thy fearful"使诗文读起来朗朗上口、抑扬顿挫，极具气势，给诗篇增色不少。

三、《诗经》中叠音词的翻译策略

（一）英语译文中叠音词的对应保留

穆诗雄在《跨文化传播：中国古典诗歌英译论》中说："英译汉语古诗不可能完整地再现原文的外形'美'。那么，抓住原诗最值得表现的'美'点，并尽力表现它，就成为成功翻译这首诗的关键。"叠音词是《诗经》中的美点，英译中处理好叠音词是保留《诗经》语言风格、再现诗意的一个重要环节。

1. 音译

《诗经》中大部分叠音词是模拟人和其他事物所发出声音的拟声词，如"关关雎鸠""悠悠鹿鸣""鼓钟将将""氓之蚩蚩"等。如果译文中采用音译完整对等移植汉语叠音词，能够满足《诗经》英语读者的"期待视阈"，使诗文显得绘声绘色，极具感染力。

伐木丁丁，鸟鸣嘤嘤。

——《小雅·伐木》

（丁丁地伐木。伐，砍伐。丁丁，砍木声。鸟儿嘤嘤不断飞鸣。）

Zheng, zheng, the wood cutter's axe rings,

Ying, ying, a little bird sings.

2. 将汉语叠音词译成英语的叠音词

关关雎鸠，在河之洲；
窈窕淑女，君子好逑。

——《周南·关雎》

"Guan! Guan!" ,Cry the fish hawks

on the islet in the stream:

a mild–mannered good lady,

fine match for the gentleman.

3. 将汉语叠音词译成英语的象声词

英语叠音词结构中，有很多双声叠词和完全叠声叠词，它们是语言中用来渲染音响效果的一种重要修辞手法。比如，click-clack: 咔嗒咔哒；swish swish : 嗖嗖。这些拟声叠音词通过模拟声音来象征语义，摹声助情，与汉语摹声叠音词极为类似，翻译时可以将汉语叠音词直接译成英语的象声词。

大车槛槛，毳衣如菼。大车啍啍，毳衣如璊。

——《诗·王风·大车》

His great carriage rumbles along,

And his robes of rank glitter like the young sedge.

His great carriage rattles on,

And his robes of rank glitter like a carnation–germ.

（二）英译叠音词的变通方式

1. 叠音词英译修辞上的变通

英语修辞体系中的重复有时可以与叠词顺利接轨，但重复与叠音词毕竟是不能完全一一对应的、两种性质的辞格形式。简言之，重复无法涵盖叠音词的整体修辞功能，可以运用英语的头韵、尾韵、中韵、谐音、特殊句式等英语叠音词结构来实现叠音词的修辞功能。

> 风雨潇潇，鸡鸣胶胶；
> 既见君子，云胡不瘳？
>
> ——《诗·郑风·风雨》

> The wind whistles and the rain patters,
> While loudly crows the cock.
> But I have seen my husband,
> And could my ailment but be cured?

2. 浅化或深化

浅化就是把具体的叠音词译成抽象词，把形象语言化作抽象概念。深化译法通常适用于单从字面上看难以琢磨其含义的抽象叠音词译成具体词。

> 河水洋洋，北流活活。
> 施罛活活，鱣鲔发发。
>
> ——《诗·卫风·硕人》

> Vast and mighty are the waters of the Yellow River,
> Northward is jubilant waves surge.
> When a net is played out swishing,
> Carp and sturgeon leap and splash.

四、结语

由于《诗经》中的叠音词具有形美、音美和意美三度审美性质，难以一一对应地译成英语，因此叠音词形、音、意俱佳的翻译似乎是不可能的。可是如果叠音词在译文中隐去不译或者舍形存意，原文中的音响效果就不能得以充分表达，也失去了语言的生动形象性，所以这种处理方法不甚可取。笔者认为，《诗经》中的叠音词是具有极高艺术性的语言艺术，没有形式便没有艺术美，叠音词绝不能脱离其艺术形式而存在，即形似而后神似。

第三节 训诂和互文性理论下的《道德经》英译思辨

一、引言

《道德经》第七十章说："吾言甚易知，甚易行。""吾"是指老子自己。老子说，他的话不仅"易知"，而且"甚易知"。虽然整个八十一章都是以通俗而形象的语言写成，但如果用"综罗百代，广博精微"的眼光去读，则"玄之又玄"，艰深的上古汉语和深奥的哲学思想是理解《道德经》的两大障碍。两千多年来，对它的批、注、解、阐、评、翻和说明等不胜其多。迄今为止，《道德经》已有近百个英文译本，它们风格各异，为道家文化思想的西传做出了重要的贡献，但对于原语文本的每一次复译都是新的阐释，无法体现原作的本真世界。其根本原因主要有两点：一是对于《道德经》缺乏六书（象形、指事、会意、形声、转注、假借）的考辨；二是译者在汉英转换过程中出现信息意图或交际意图的文化亏损时所表现的主体性选择的差异。作为当代西方哲学社会思潮孽乳而生的一种文本理论，互文性理论把文本看成特定背景下进行的交际活动，而翻译是此背景下的交际过程。本节拟利用"训诂"和"互文性"这两种考辨方法对《道德经》第七十一章的多个英文翻译版本进行语际翻译解读。

二、《道德经》第七十一章英译概况

《道德经》帛书甲第七十一章说："知不知，尚矣；不知不知，病矣。是以圣人之不病，以其病病也，是以不病。"此章代表了老子的微观认识论。通过知、不知之辩，说明自我认识是肤浅的，难以消除自身疾病和社会疾病，只有创造知者，认识内在之道，才能真正认识和改造世界。

第七十一章是用简洁、精练的古汉语写成的韵文哲理诗体，为三言、四言韵句和散句，音韵和谐、排比有力，读来朗朗上口。此章的意义空白与意义未定性构成了本文的开放性，加之丰富语义的空白与不定，使构建原文的意义变得尤为复杂。译者需要跨越时空，在无限开放的文本中找寻意义，这就为翻译提供了多样化的可能。

西方汉学家和中国当代英语学者和翻译家的《道德经》译本已多达百种。这里讨论的英译本是世传本《道德经》的两个译本：英国著名汉学家韦利1934

年本和林语堂先生 1948 年本。马王堆帛书本《老子》的三个英译本：香港中文大学刘殿爵教授 1982 年译本《中国经典——道德经》、韩禄伯的 1989 年译本《老子德道经：根据新出马王堆帛书的新译本》和美国汉学家梅维恒的 1990 年译本《道德经：关于德与道的经典》。

三、《道德经》第七十一章英译本比较

《道德经》的英译过程首先进行的是语内翻译，即用现代汉语完整准确地理解《道德经》的古汉语原文；其次是语际翻译，即用现代英语完整准确地表达古汉语原文的现代汉语意思。决定其英译质量优劣的最重要因素就在于译者对古文的理解上，所以先要弄清几个最基本的概念，即"知"、"不知"、"上"和"病"。

（一）本章的训诂

世传本《道德经》第七十一章："知不知，上；不知知，病。夫唯病病，是以不病。圣人不病，以其病病，是以不病。"

这一章应读：知（zhì）不（bù）知（zhī），上（shàng）；

不（bù）知（zhī）知（zhī），病（bìng）；

夫（fū）唯（wéi）病（bìng）病（bìng），是（shì）以（yǐ）不（bù）病（bìng）。

圣（shèng）人（rén）不（bù）病（bìng），以（yǐ）其（qí）病（bìng）病（bìng），是（shì）以（yǐ）不（bù）病（bìng）。

老子的《道德经》旨在向人们阐述其道家思想，正确理解文本是翻译的前提。所以笔者认为对《道德经》的语内翻译首先应采取训诂的方法，用现代汉语完整准确地理解《道德经》的古汉语原文，以求准确传达原作想要表达的意思。

这一章的理解关键是"知"、"不知"、"上"和"病"这四个概念词的准确理解。《说文解字》关于"知"的解释是"词也，从口从矢"。从词源上看，"知"由"矢"和"口"构成，"口"的具体形象是语言交流活动，抽象意义是交流、沟通。在古代，知的造字本义为谈论打猎、行军的经验。因为在古代挽弓使箭是成年人的基本常识和重要经验。"矢"这一具体事物所具有的抽象的一般含义是投掷和方向。合起来看，"知"可以解释为在一定方向上借助交流和沟通实现的"无蔽"。

日常中的"知"表现为"知"和"不知"，而根本的知性则是这种"知"与

"不知"的基础。"知之为知之，不知为不知，是知也。"（《论语·为政》）"知"是知的能力，也就是一种认识能力。"知"不单单是仿效的知识，一定是"知"中含有"行"。"不知"是知的能力的基础。"知"就是一种根本的美德，也可以说，认识自己的那个"不知"就是最大的美德。"尚矣"在王弼本、河上公本中，"尚"作"上"，无"矣"字。帛书本为"尚矣"。"尚"通"上"，意为"高也"。

病，"疾加也"。丙，既是声旁也是形旁，"柄"的省略，表示抓握的手把，比喻健康不佳，遭遇疾患，外伤为"疾"，内患为"病"。

在这里，"病"意为认识上的弊病，即以对事物的表面现象的认识为认识上的弊病。认识上的弊病是产生自身疾病和社会疾病的主要原因。要消除一切疾病，必须首先消除认识上的弊病。

可见，"知"是在自我超越的基础上对一切矛盾着的对立面的克服，"知"的目标是认识内在之道。能够认识到常人认识不到的东西，这是掌握了认识的上乘之法。不知道什么是最需要认识的，是认识上的最大弊病。只有以不识道这一认识上的弊病为弊病，才能消除认识上的弊病。圣人没有弊病，是因为他以不识道这一弊病为弊病，所以没有弊病。

（二）本章语言层面和文化层面的互文

互文性理论是西方结构主义和后结构主义思潮中产生的一种文本理论。现在，互文性通常被用来指示两个或两个以上文本间发生的互文关系。所谓互文性批评，就是放弃那种只关注作者与作品关系的传统批评方法，转向一种宽泛语境下的跨文本动态文化研究。

笔者认为，从互文关照的角度看，原文与译文的关系应理解为有互文关系的语篇。从某种意义上来说，翻译的过程就是对文本的解构与重构的交际过程。将文本置于文内指涉和其他文本的意义网络之中，在与其他文本的交互参照、交互指涉的过程中凸现其意义。互文现象基本可以分为语言层面的互文和文化层面的互文两类。

《老子》中的"知"含有多重语言层面的互文指涉。老子说："知常容，容乃公，公乃王，王乃天，天乃道，道乃久，没身不殆。"（第十六章）老子还说："知足不辱，知止不殆。"（第四十四章）。第三十三章中："知人者智，自知者明。知足者富。"可见，知具有超能力，可以改变一个人。知是一个成长完善的过程，正如老子所言："知者不言，言者不知。"文化层面与《论语》中的"知"构成了互文。"知者乐水，仁者乐山。知者动，仁者静。知者乐，仁者寿。"(《雍也》)可见，"知不知，尚矣；不知不知，病矣。是以圣人之不病，以其病病也，是以不病。"是让人们放下知，由外而内，先要知己，先要明。老子让人们不要知，甚至不要智慧，而是要明，最终回归自然，无为而无不为。无知，才能知己，才能明，才能无为。所以就最根本的知而言，"知"也可能是知的某种缺失，"不知"则是一种积极的人生态度。

（三）英译诸本互文比较

明晰了原语文本的互文现象，来看一下译文的处理。

To know when one does not know is best.

To think one knows when one does not know is a dire disease.

Only he who recognizes this disease as a disease

Can cure himself of the disease

Then Sage's way of curing disease

Also consists in making people recognize their diseases

as diseases and thus ceasing to be diseased.

——韦利译

Who knows that he does not know is the highest;

Who (pretends to) know what he does not know is sick-minded.

And who recognizes sick-mindedness as sick-mindedness

is not sick-minded.

The Sage is not sick-minded.

Because he recognizes sick-mindedness as sick-mindness,

Therefore he is not sick-minded.

——林语堂译

在语言层面，韦利的翻译为直译，行文流畅，整个章节句式工整有力、语言流畅自如，再现了原文排比结构的形式美。林语堂的翻译采用了意译加直译的方法。对这一章的理解关键在于对"知""不知""病"这三个概念词的准确理解。"知"和"不知"是老子提出的最为重要的两个哲学概念，是道家思想的核心内容。"知不知，上"是形而上的"道"，而"不知知，病"是形而下的"德"。"知不知，上"中第一个"知"为"智"的通假字，智慧才智用作名词。

第二个"知"为动词，指懂得、理解。

韦利将"知不知"译为"To know when one does not know"，把第一个"知"译为动词。把"不知"理解为一种真实的语境"when one does not know"，出现了语内翻译的错误，因而造成语际翻译中大量互文信息的丢失。

林语堂则用英语中指人的主语从句"who knows"来译第一个"知"，用"that"引导的宾语从句"that he does not know"来译"不知"。"知"被译作"know"，本人认为"know"隐含了如下的含义，即通过实践而掌握特定的知识或技能，达到辨认和区分的能力。因此，"know"能够表达老子赋予这个词的一定的信息意图。从原文的诸多互文中可以看出，具有丰富互文性的"知"一词在老子（或中国读者）的认知环境里，是一个独特的文化意象，取其普遍概念就会大大削弱"知"的丰富内涵，容易引起西方人的误解，而不会意识到这是一个哲学概念词，因而导致这一互文性翻译在交际意图上出现了文化亏损。所以本节将"知不知"和"不知知"分别译为"The man of wisdom knows（zhi）that he does not know（buzhi）"和"who does not know what he does not know"。其中"知不知"的翻译利用意译加音译来表达其特殊的哲学概念。"不知知"则直接译出它的交际意图。

"不知知，病"中，"病"为名词，指缺点或瑕疵。"夫唯病病，是以不病。"中第一个"病"为动词，指担忧、忧虑，第二个"病"为名词，指缺点。韦利把"病"误译为"disease"，相比之下，林语堂翻译的"sick-minded"比较准确，一定程度上传递了原文的交际意图。

帛书版《老子》第七十一章："知不知，尚矣；不知不知，病矣。是以圣人之不病，以其病病也，是以不病。"三译本的译文分别是：

To know yet to think *that one does not know* is *best*;

Not to know yet to think that one knows will lead to *difficulty*.

It is by being alive to difficulty that one can avoid it.

The sage meets with no *difficulty*.

It is because he is alive to it that he meets with no difficulty.

——刘殿爵译

To know you don't know is *best*.

Not to know you [don't] know is *a flaw*.

Therefore, the Sage's not being flawed

Stems from his recognizing a flaw as a flaw.

Therefore, he is *flawless*.

——韩禄伯译

To realize that you do not understand is a *virtue*;

Not to realize that you do not understand is *a defect*.

The reason why

The sage has no defects,

Is because he treats defects as defects.

Thus,

He has *no defects*.

——梅维恒译

四、结语

本节采用训诂和互文性理论这两种方法对《道德经》第七十一章的语内翻译进行考辨，然后对其英文翻译版本进行语际翻译解读和赏析，认为理解和翻译用上古汉语撰写的《道德经》应采用训诂的方法，主要采取互文性翻译策略，以充分展现原文的神韵。在原文意义允许的情况下，适当发挥英语的优势翻译原则。由于译者的主观选择，翻译过程中或语义或文化或二者兼有的损失是不可避免的，因此《道德经》的复译将是必然的。

第四节　《论语》"颜渊问仁"一章的误读与重释

一、引言

《论语》"颜渊问仁"一章中的"克己复礼为仁"是孔子论"仁"的重要内容，也是一个引起了诸多关注与争议的命题。原因之一是此章文本的模糊性，从古至今，关于此章的注疏众多，汉儒、宋儒、明儒和清儒的注疏各有不同，他们的争论主要围绕其中的"克己""复礼""为仁"这三个思想要素的不同诠释而展开的，特别是对"克己"的理解分歧最大。另一个重要原因是《论语》

英译本译者的义理系统不同，他们采纳了不同的注疏。比如，韦利的《论语》英译本采纳了清儒注疏，而刘殿爵的译本采用杨伯峻的注疏。鉴于此，本节旨在进一步澄清"克己复礼为仁"所产生的历史背景，从而准确地把握这一命题的语境。笔者拟从译者的交际能力角度出发，利用关联理论对《论语》"颜渊问仁"一章中孔子与颜回的言语交际进行历史还原解析，并参考刘殿爵和韦利两个权威译本来分析如何更好地在翻译过程中实现最佳关联，并从文化隐含、基本概念词、语言层面进行翻译补偿策略研究。

二、运用关联理论对"颜渊问仁"一章中的言语进行分析

下面我们来看"颜渊问仁"在关联理论下得出的理解。

《论语·颜渊》"克己复礼"章曰：

> 颜渊问仁，子曰：①"克己复礼为仁，一日克己复礼，天下归仁焉。为仁由己，而由人乎哉。"颜渊曰：②"请问其目。"子曰：③"非礼勿视，非礼勿听，非礼勿言，非礼勿动。"颜渊曰：④"回虽不敏，请事斯语矣。"

根据关联理论，言语交际过程是一种交际双方认知语境假设的参与过程，话语理解是一个认知推理的过程。认知语境不只指具体的现实环境中的情景或话语本身的语境，而是一个心理建构体，表现为一系列命题化的知识或假设。成功的交际是双方根据话语所取得的语境效果去改变、调整或选择认知语境假设的过程，在这一过程中实现双方认知语境假设或信息的趋同，从而取得说话人所传递的话语信息与听话人理解结果之间的最大相关性。

（一）"颜渊问仁"一章认知语境的建构

孔子的时代是"礼坏乐崩"的时代，残存的周礼已经毫无实质意义。孔子不禁叹息："礼云礼云，玉帛云乎哉？乐云乐云，钟鼓云乎哉？"因此孔子所讲的"复礼"已经不是周礼。在孔子的"仁学"中，"礼"主要是对于个人行为的规范和约束。"博学于文，约之以礼""不学礼，无以立""非礼勿视，非礼勿听，非礼勿言，非礼勿动"等都是对个人行为举止进行约束之意，是外在的约束。"克己复礼为仁"中"为仁"是指"依于仁"。《论语·述而》篇中子曰："至于道，据于德，依于仁，游于艺。"可见"依于仁"是一个君子所必须具备的德行，"克己复礼"是"为仁"的条件，"为仁"是"克己复礼"的结果，"仁"通过"为"才能表现出来。

（二）颜渊与孔子交际意图的建构

颜回，曹姓，颜氏，名回，字子渊，亦颜渊，他十四岁即拜孔子为师，此后终生师事之。在孔门诸弟子中，颜回异常尊重老师，"颜渊喟然叹曰：'仰之弥高，钻之弥坚。瞻之在前，忽焉在后。夫子循循然善诱人，博我以文，约我以礼，欲罢不能。既竭吾才，如有所立卓尔。虽欲从之，末由也已。'"（《论语·子罕》）。他对孔子无事不从、无言不悦，"语之而不惰者，其回也与！"同时孔子对他称赞最多："用之则行，舍之则藏；唯我与尔有是夫！"（《论语·子罕》）哀公问："弟子孰为好学？"孔子对曰："有颜回者好学，不迁怒，不贰过。"子谓颜渊，曰："惜乎！吾见其进也，未见其止也。"《论语·雍也》中，子曰："回也，其心三月不违仁，其余则日月至焉而已矣。"他称赞颜渊："贤哉，回也！一箪食，一瓢饮，在陋巷，人不堪其忧，回也不改其乐。贤哉，回也！"在别人看来，颜渊有点儿傻乎乎的样子，孔子为他辩护，说："吾与回言终日，不违如愚。退而省其私，亦足以发。回也，不愚。"颜回卒于鲁哀公十四年（公元前 481 年），享年 40 岁。孔子不禁哀叹说："噫！天丧予！天丧予！"可见，在孔子眼里，颜渊是所有学生中最接近"仁"的。

颜渊询问孔子什么是仁，这是一个开放性的问题。孔子通过①明示：人应该能够自觉而自愿，自主而自动，去严格而全面地合于礼的要求，就能成就仁名。①旨在告诉颜回"克己复礼为仁"，通过反语明示了交际意图：一旦这样做了，天下的人都会称你是仁人。"实践仁德，全凭自己，还凭别人吗？"这些直显的内容影响了颜渊的认知，使他明白孔子真正的"仁"的内涵。根据相关理论，交际中隐性内容越多，言者就会认为他和听者之间的互相理解程度越高，言者发出的新语句带来的新定识与听者认知语境中的既有定识相互作用，必然会产生正面的语境效果。颜渊很快获知新信息，理解了传递意图。为了交际继续，便通过②对孔子的意图做进一步的明示：请问实行"为仁"的纲领。孔子通过③明显地传递了自己的意图：不合于礼的不要看，不合于礼的不要听，不合于礼的不要说，不合于礼的不要做。意欲直接修订听者的认知环境，让颜渊认识到"为仁"显然是"为礼"，践行"礼"能够有"仁"的收获，而不能等同于"为仁"，但践行礼对于"为仁"是极其重要的。孔子的信息意图是否成功，完全依赖于听者的认知环境能否产生正面的语境效果，并对言者的交际意图做出正面的回应。颜渊通过④成功地领会了孔子的信息意图和交际意图。

三、关联翻译理论视角内的翻译补偿策略

以上分析了原文的认知语境、意图、关联性，是最关键的第一步，因为只有准确理解了原文的明示和最佳关联，译者才能采用适当的翻译策略在译文中恰当地进行明示，从而让译文读者通过适当的努力尽可能地推理译文中的最佳关联，感受原作的交际意图。

下面从关联翻译理论角度，以韦利和刘殿爵的《论语》英译为例，对"颜渊问仁"一章中的误读、误译现象进行评述。

刘殿爵的译文：

Yan Yuan asked about benevolence. The Master said, "To return to the observance of the rites through overcoming the self constitutes benevolence. If for a single day a man could return to the observation of the rites though overcoming himself, then the whole empire would consider benevolence to be his. However, the practice of benevolence depends on oneself alone. And not on others."

Yan Yuan said, "I should like you to list the items."

The Master said, "do not look unless it is in accordance with the rites; do not listen unless it is in accordance with the rites; do not speak unless it is in accordance with the rites; do not move unless it is in accordance with the rites."

Yan Yuan said, "Though I am not quick, I shall direct my efforts towards what you have said."

韦利的译文：

Yen Hui asked about Goodness. The Master said, "He who can himself submit to ritual is Good. If (a ruler) could for one day 'himself submit to ritual', everyone under Heaven would respond to his Goodness. For Goodness is something that must have its source in the ruler himself; it cannot be got from others."

Yen Hui said, "I beg to ask of the more detailed items of this (submission to ritual). The Master said, to look at nothing in defiance of ritual, to listen to nothing in defiance of ritual. To speak of nothing in defiance of ritual, never to stir hand or foot in defiance of ritual." Yen Hui said, "I know that I am not clever; but this is a saying that, with your permission, I shall try to put into practice."

（一）文化隐含的翻译处理

从两位译者处理"颜渊"来看，韦利将其译为"Yen Hui"，刘殿爵将其译

为"Yan Yuan"。颜渊，名回，字子渊，亦颜渊。许慎《说文》曰："名，自命也。从口从夕。夕者，冥也。冥不相见，故以口自名。"上自天子，下至平民百姓，都可以自称其"名"。《礼记·檀弓上》说："幼名，冠字。"《疏》云："始生三月而始加名，故云幼名；年二十有为父之道，朋友等类不可复呼其名，故冠而加字。"由此可见，"名"是幼时起的，供长辈呼唤；字是一个人成年的标志，是具有尊重意义的称呼。

孔子称呼弟子主要有三种方式。一称名。《论语》中孔子背称弟子时，一律使用弟子的名，几乎没有例外。二称字。唯有闵子，孔子只称其字"子骞"，而从不称其名"损"，说明孔子对闵子骞是以平辈视之。三称"尔、女（汝）"。对称代词"尔、女"是第二人称代词。孔子当面称呼弟子时，一般都是用"尔"或"女"。"子谓颜渊曰：'用之则行，舍之则藏，唯我与尔有是夫！'"孔子对其得意弟子颜渊使用"我""尔"这样的称呼，显得十分亲密。

人名的翻译最好采用直译加注的补偿方式，使译文既能够产生与原作相同的语境效果，也保留了原作品表达的简洁与自然，从而尽量贴合原文本。不仅达到了译文语言信息与原文信息在语义和功能方面的最佳关联，而且这种符合译文读者审美期待和接受能力的语言刺激更符合记忆系统中范畴化图式，使其付出最小努力即获得最大认知语境效果。"颜回"可译为"A disciple of Confucius, the favorite Yan Yuan"，相比之下，显然刘殿爵的翻译比韦利的翻译更准确。

（二）基本概念词的翻译处理

通过补足语境来翻译概念词，即化暗含为明示，使信息意图和交际意图最大关联，以减少译文读者不必要的推理努力。

"仁"是孔子思想中重要的哲学概念词之一，其在译入语表述中的准确与否直接关系到一个具有普遍价值的学说体系的传递，进而影响译入语读者对源自中国文化思想的理解和接受。因此，这些概念和范畴在英语中的建立是《论语》翻译中极为重要的问题。

从关联理论看，正确把握概念词的词义必须还原原文的认知语境。从训诂角度来看，"仁"训诂为"称仁"（清朝刘宝楠的《论语正义》）；现代史学家钱穆的《论语新解》认为"便见天下尽归入我之仁心中"，即天下的人都会称许你是仁人。

我们知道，孔子的"仁"就是关爱他人，心里装着他人。仁是目的，礼是实现仁的现实途径。只有仁德之人才会自觉遵从于礼，所以孔子说："人而不仁，如礼何？"，所以，仁是复礼的条件，复礼是仁的体现。

刘殿爵的译本中将"仁"译为"benevolence",韦利译本中译为"Goodness"。从词的选择来看,韦利的译文使用大写"Goodness"更好地体现了"仁"的学术性。Goodness 在英语中是指"the quality of being kind, helpful, and honest." Benevolence 在英语中是指"a person in authority is kind and fair",相比之下,韦利的译本更符合原文语境,而且译文读者付出有效努力就可以获得最佳关联。笔者认为,可以将概念词根据其含义译成意义宽泛的普通词,再通过拼音和汉字来补足语境,这样可增强典籍的符号性和翻译的严肃性,这样的行文不仅有句子的表意功能,而且可以从中透视到词汇的内涵。

(三)语言层面的翻译处理

因为汉语是意合语言,英语是形合语言,在英语翻译时就需要对句子成分进行适当的增添,使译文逻辑清晰,更符合英语读者的思维习惯。

子曰:"克己复礼为仁",中文读者对其含义一目了然,但如果直译成英文,可能会使译文读者不知所以然,看起来并无罕见字词、亦无重大异文,理解起来好像并不困难,但其实解读的问题很大。

在第一轮交际中,译者要付出足够的努力来获得原文的最佳关联,即要准确理解原文的明示和最佳关联。首先,从训诂来看,这里的"克"既非克服,也非约束,而当训为"肩",引申之,即能也。"复"当借为"覆",盖也。"覆礼",即是合于礼。"为仁",就是成就仁名,"为"是动词。所以"克己复礼为仁",应断句为"克,己复礼,为仁"。《论语》里类似的用法也出现好几次,如"恭己正南面""行己有耻","己"都放在第二个字,克己、恭己、行己是类似句法。后面又说,"为仁由己,而由人乎哉?"前有"克己",后有"由己",更显出人的主动性是行仁的关键,自己自觉自愿地去行礼,去做该做的事,不是为了别人,也不是出于别的考虑,这样才有所谓仁。因此,人应该自觉而自愿、自主而自动,做到非礼勿视、非礼勿听、非礼勿言、非礼勿动。

杨伯峻先生的《论语译注》将"克己复礼为仁"解释为"抑制自己,使言语行动都合于礼,就是仁",导致刘殿爵译本的误译。相比之下,韦利的译文采用忽略词句的语言形式和字面意义,侧重于传达其蕴含的文化信息,采用了归化的翻译策略,译为"The Master said, 'He who can himself submit to ritual is Good'.",虽然免去了译文读者不必要的推理努力,却存在严重的误译:"submit to ritual"曲解了原文的意义,是自愿主动地合于礼,而不是被迫地遵循礼。笔者拟译为"Being Goodness(ren 仁)consists in your ability to observe the Rites(li 礼)"。

子曰：③"非礼勿视，非礼勿听，非礼勿言，非礼勿动。"

颜渊曰：④"回虽不敏，请事斯语矣！"

③句的译法要保持句式的排比结构，适当调整语序，增加主语和连词，使译文符合英语语言的表达习惯，从而使译文读者获得最佳关联。刘殿爵的译文采用异化翻译策略，保持了原文简练的语言风格，孔子的一言一行严谨周密。韦利使用了归化的翻译策略，使用了地道的英语表达方式，显得庄重而典雅。笔者尝试从关联理论的视角，试图在译文中再现原文的关联，采用口语化的表达手段。

基于上述分析，笔者在此按照关联理论，将此段文字翻译为：

A disciple of Confucius, the favorite Yan Yuan asked about Goodness（ren 仁）, and Confucius said, "Being Goodness（ren 仁）consists in your ability to observe the Rites（li 礼）.If you have done this one day, the world will consider you as Goodness（ren 仁）. To be man of Goodness（ren 仁）depends on yourself. What has it got to do with others?"

Yan Yuan then asked, "What are the detailed items ?"

The Master answered, "Do not look unless it is in accordance with the Rites（li 礼）; do not listen unless it is in accordance with the Rites（li 礼）; do not speak unless it is accordance with the Rites（li 礼）; do not do anything that is not in accordance with the Rites（li 礼）."

Yan Yuan said, "I may not be clever; but with your permission, I shall endeavor to do as you have said."

四、结论

通过对《论语》"颜渊问仁"一章的关联翻译理论的分析，可以得出：第一，"克己复礼为仁"并非"克己""复礼"方可"为仁"，而是"克，己复礼，为仁"；第二，关联理论翻译策略强调翻译行为的动态性，翻译过程中译者必须付出充分的努力，在译文中为读者重建最佳关联。

第五章　红楼撷英

第一节　《红楼梦》两种书名的英译

一、引言

《红楼梦》自 19 世纪中期有译者问津以来，两百多年间仅出了两个全英本。一个是中国翻译家杨宪益和戴乃迭夫妇合译的 *A Dream of Red Mansions*（简称"杨译"）；另一个是大卫·霍克斯和闵福德同译的 *The Story of the Stone*（简称"霍译"）。

关于《红楼梦》两个译名的比较，罗选民早已从互文性的角度精心进行了阐释，认为在翻译文化层面上的互文性应优于语言层面的互文性，而且作者、译者和读者三者相比，读者应摆在首要位置，即得出霍克斯的译名略优于杨宪益的译名。但本章节认为杨宪益和霍克斯之所以选择不同的译名，并非只是为寻求有所不同，而是必然的选择。因此，笔者将通过两个译本的对比，从文化和读者反应的角度对两个译名的选择重新进行研究。

二、"红""红楼""梦"与"石头""记"的文化阐释

众所周知，好的译名不仅能帮助读者尽快从心理上接近原作，还能为原作增色不少。而往往由于八个"不同"，使书名很难翻译。中国古典名著《红楼梦》这本书名就很难翻译，而对于精通中西文化的杨宪益和霍克斯来讲，语言层面的转换应是不难的，但在文化的处理方面，必然会困难重重。毕竟，中西文化的差异是巨大的，而这种差异往往会引起文化意象的失落或扭曲。我们从文化的视角对杨宪益与霍克斯的《红楼梦》译本进行对比，认为杨宪益的译名 *A Dream of Red Mansions* 更具有深厚的中国文化积淀，包蕴了更深邃的中国文化和美学概念；霍克斯的译名 *The Story of the Stone* 从叙事的角度和文化传播的角度讲，更具合理性，却彻底抹掉了原语文化的色彩。

　　《红楼梦》的现行版本很多，有《石头记》《情僧录》《风月宝鉴》《金陵十二钗》之类，而以《红楼梦》的书名最为普通。但细读原文，与之明确联系的有两处：第一回说到成书经过——"后因曹雪芹于悼红轩中批阅十载，增删五次，撰成目录，分出章回"，"悼红轩"即红楼或至少与红楼有某种联系；再就是第五回"贾宝玉神游太虚境，警幻仙曲演红楼梦"，其中《红楼梦》是十二支曲子，暗示了全书的情节线索和主要人物的一生。除此之外，阅读《红楼梦》时，我们可以惊奇地发现，红色贯穿于整部作品中。《红楼梦》第六十三回众姑娘掣花名签，林黛玉掣的是"莫怨东风当自嗟"，这是宋朝欧阳修作《明妃曲》中的一句，它的前一句是"红颜佳人多薄命"，可见作者笔下的少女林黛玉就是"红颜"；脂砚斋说贾宝玉"素喜红色"，书中写他有"爱红的毛病"，自称"怡红公子"，可见，"悼红轩"之"红"与"红楼梦"之"红"密切相关。

　　"红楼"并不单纯是指红色的楼房，并且"红楼"首先让人想到的是侯门大院，因为自汉以来，名门望族均用朱红色，如杜甫有诗曰："朱门酒肉臭，路有冻死骨。"然而，它又常指富家小姐的住处，如李商隐《春雨》中有诗云："红楼隔雨相望远，珠箔飘灯独自归。"但笔者认为，在古典通俗文学中鲜有"红楼"，并没有在读者心理上形成"红楼"意象。"红楼"在指古代女子居处上，不及"闺房""绣楼"普遍。因此，"红楼"主要是指很美的少女生活的地方，而贾宝玉便是在这样的地方过着梦一样的生活，给读者以想象的空间。

　　可见，《红楼梦》书名着眼点应在于"红"和"梦"，而"梦"亦是书中出现频率最高的语词之一，是总括全书情节的意象。小说第一回的第一句告诉我们："此书开卷第一回也，作者自云，因曾历过一番梦幻之后……"他是在贫穷中回首丰盈的日子，往事犹如一场梦境。由于作者深深地感受了往事如梦，所以他的小说不仅书名有梦，书中更有大量"梦"的文字，可以说全书从头至尾都没有离开梦，这些"梦"字都不是信笔写下，而是因人物的身世、生活、命运自然引出，同小说的内容紧密相关。书中第五回，贾宝玉在秦可卿的床上做了一个长梦，梦中游历了"太虚幻境"，引导贾宝玉去太虚幻境的警幻仙姑一开口便唱"春梦随云散"，而太虚幻境之梦就是一个真实的"梦"；书中女子所作的诗词中也带有梦字，如黛玉作"惊破秋窗秋梦绿"，宝钗作"瘦月清霜梦有知"，香菱曾有一首诗竟是梦中做成。可见，《红楼梦》不仅有许多关于梦的句子，还直接写了很多人物所做的梦及梦境中的人物，而其梦境都同现实紧紧相关。贾宝玉说："大凡人做梦，说是假的，岂知有这梦便有这事。"而且，庚辰本第四十八回脂砚斋说："一部大书起是梦，宝玉情是梦，贾瑞淫又是梦，秦之家计长策又是梦，今

（香菱）作诗也是梦，一部风月鉴亦从梦中所有，故（曰）红楼梦也。"可见作者笔下，《红楼梦》中的"梦"是真的，"梦"是指往事如梦。

与此相对照，《红楼梦》的手抄本一向以《石头记》为书名。《石头记》是原著 80 回抄本本名，而《红楼梦》一开头作者自云"曾经经历过一番梦幻之后，故将真事隐去，而借通灵说此《石头记》一书也。"从这段开场白即可得知《红楼梦》这部小说的内容是以《石头记》为主，并且原著的结尾处有"那僧道仍携了玉到青埂峰下，将宝玉安放在女娲炼石补天之处，各自云游而去。"这也说明《红楼梦》是以《石头记》为主要结构的。这块石头本是补天之材，被遗弃在荒山中"自怨自叹，日夜悲号惭愧"，经一僧一道大展幻术变成了一块"通灵宝玉"，后来这块美玉一直佩在贾宝玉胸前，随同贾宝玉一起生活。这块"通灵宝玉"也有了同样的"历尽离合悲欢，炎凉世态"的经历，这些经历全部刻在石头上面，亦即《红楼梦》这部书的文字，因此《红楼梦》又名《石头记》。而第五回的太虚幻境之梦既点了书名"红楼梦"的含义，又点出书名"石头记"的来历。同时，在中国古典文学中，"记"表示某物一番经历的文字纪录，而且用"记"作书名很常见，如《西游记》。

勒弗维尔曾提出，凡是不重视其他文化的文化都是相对同质的文化，而且这些文化都自视为世界的中心。并且，任何自视为世界中心的文化在引进外来文化时，均是在对主体文化不构成威胁的情况下引进的。因此，在译介外来作品时，采用归化的翻译策略。正如德国哲学家和翻译家赫德在评论法国的翻译传统时所说："荷马人只能作为俘虏进入法兰西，连穿着打扮也必须入乡随俗，以免遭人白眼。"与此相对照，霍克斯在翻译《红楼梦》时，把代表东方文化的汉语译为代表西方文化的英语时，西方文化便显示出了它自视为世界中心的态度。霍克斯在翻译中，采取了归化的策略，采用与西方文化偶合的书名《石头记》，译为 "The Story of the Stone"，书中如"红楼梦""悼红轩""怡红公子"分别译为 "A Dream of Golden Days" "Nostalgia" "Studio" 和 "Green Boy"。而杨宪益在翻译《红楼梦》时，他深知中国文化，而且必然自视为中心文化，翻译时力求一字不易地传达译文的意义，采取了异化的翻译策略，采用了《红楼梦》这一文化内涵丰富的书名，译为 "The Dream of Red Mansions"，充分保留了原语的文化色彩。

三、预期读者的文化认同

《红楼梦》在海外的译介一直没有中断，不时有新译本出现，但论其影响，则首选杨宪益的译本（简称杨译）和霍克斯的译本（简称霍译），这两个译本深受中外翻译研究者读者和英语学习者的喜爱，均实现了各自的文化认同。

在翻译小说书名时，译者往往根据自己对通篇作品的理解进行再创作。当然这种创作不是漫无边际的，因为翻译的终极目标是为读者服务，要以读者为中心。事实上，翻译的首要任务就是读者看得懂。然而不同的读者对同一原文的翻译会有不同的要求。比如，精英读者即对原作的语言与文化笔记、背景了解较多，多有一定的文化修养，他们对文化阐释的要求不高，在理解译文时不会太困难。但是，读者群是很难把握的，而且翻译的目的就在于将其他文化中的差异性传达出来。因此，杨译和霍译的巨大差异迎合了不同读者的需求。

霍克斯将书名译为 *The Story of the Stone*，杨宪益译为 *The Dream of Red Mansions*，这不仅仅是两位译者对原著书名的选择不同，而是与其翻译的整体策略和目的有关。

霍克斯译《红楼梦》，是希望大学翻译系的同学能观摩汉英翻译的极品，同时希望各位忠实读者能欣赏地道中文与地道英语的讲写之法，从而提高研习中英文的兴趣。他力求把原作一字不漏地忠实传译，就不能不考虑译文读者的接受性。从文化和读者反应的角度，一方面，霍克斯认为书中的"红色"对汉语文化的人而言，表示喜庆、幸福、吉祥，但在英语国家的人眼中，绿色和金黄色具有类似的联想意义，而红色则意味着流血、危险或暴力，如将《红楼梦》书名直译为英文，会令读者产生有悖曹雪芹原意的谬误，而《石头记》最贴近曹氏的故事精神。另一方面，石头在西方文学中具有丰富的文化内涵。英语中关于石头的熟语也非常多，如"mark with a white stone"（指为喜庆的日子特笔大书）。而且，正如前面所讲，《红楼梦》的主要内容是"通灵宝石"的"红楼梦"。从整个译文的风格来看，霍克斯有意识地把《红楼梦》解读成一部优美感人的文学作品，采用了归化的翻译策略，交际翻译的翻译方法，译本更注重文学性，侧重描写和渲染，更具有可读性，容易为读者所接受。因此，霍克斯译名 *The Story of the Stone* 并非随意而为，这个英文书名不仅直接点明要旨，而且读者从心理上更能接受，起到一语双关的作用，给读者留下了更大的想象空间。并且，霍克斯在翻译时对涉及红色的词语做了一定的变通处理。例如，贾宝玉品茶栊翠庵，刘姥姥醉卧怡红院。

Jia Baoyu tastes some superior tea at Green Bower Hermitage;

And Grannie Liu samples the sleeping accommodation at Green Delights.

译者在翻译原文中的"红楼梦"和"怡红院"时没有选用 red 一词，而是分别译为 Golden 和 Green，虽然他们所指的色彩不同，但对译语读者来说，它们是更贴近原作的颜色词。

四、结语

综上所述，笔者认为这两个译本一方面在译文方面都取得了相当高的水平，为英文读者阅读《红楼梦》提供了优秀的英文文本；另一方面又各有特色，即霍克斯的译本更倾向文学性，更重描写和渲染，更具有可读性或更容易为读者所接受；杨、戴的译本则更强调对原文的忠实，更具有资料价值。所以，各自译名的选择无论角度如何，都成功地实现了译者翻译的目的。而且，实践也证明，无论归化还是异化，在传达文化及读者接受方面都达到了异曲同工的效果，为中西语言文化之间达到理解和共识准备了条件，这对西方文化来说也是一种丰富。

第二节　《红楼梦》中"上"的翻译及汉英空间隐喻对比

一、空间隐喻概念

不同民族的空间隐喻之间必然存在着人类体验的共性，也必然有由于不同民族文化而导致的差异。《红楼梦》作为中国四大名著之一，集中反映了中国的传统文化，相较杨宪益夫妇翻译的版本，英国汉学家霍克斯翻译的版本多用"归化"处理方式。研究《红楼梦》中"上"的霍版翻译，必能从中窥见不同民族的空间隐喻认知及其所反映的民族文化差异。

现代汉语中，"上"字源于甲骨文"🔸"，下面的"一"表示位置的界线，线上一短横表示在上面的意思。《说文》释其本义：上，高也。亦即"高处；上面"的意思。"下"（🔸）和其相对。这显然是个纯空间的概念。然而，我们打开《汉语大辞典》，发现"上"的意思数以十计，其中多为"上"这个意象图式概念的隐喻义。莱考夫和特纳（Lakoff & Turner）把意象图式定义为相对简单的、在我们日常生活中重复出现的结构，即温格瑞尔和施密特（Ungerer & Schmid）所谓来源于我们日常生活中与世界的互动经验的、简单而基本的认知结构。这些结构对于人类都有直接的意义，因为它们都源于人类直接的身体体验。空间隐喻以空间域为始源域，将空间域的意向图式结构映射到非空间的、抽象域之上，使我们可以通过空间概念来理解、思考和谈论非空间概念。莱考夫和约翰逊（Lakoff & Johnson）将空间隐喻的特征总结如下。

① 大多数的基本概念是通过一个或数个空间隐喻构建起来的。

② 每一个隐喻空间都有自己的内在系统性。

③ 不同的空间隐喻之间存在整体的、协调一致的系统性。

④ 空间隐喻不是随意产生的，而是根植于我们的物理和文化经验。

⑤ 在很多情况下，空间化已成为一个概念的核心部分，以至于离开了空间隐喻，我们很难通过其他的隐喻来构建该概念。

⑥ 我们的物理和文化经验为空间隐喻的产生提供了很多可能性，但具体哪些待选空间隐喻被挑选出来，哪些又成为重要的空间隐喻，各个文化是不同的。

陈家旭将其总结为空间隐喻的生成性、系统性、理据性和民族性。

二、"上"的原型模式

"上"作为意象图式概念，有三个原型模式：静态模式、静态接触模式和动态模式，见图 5–1。

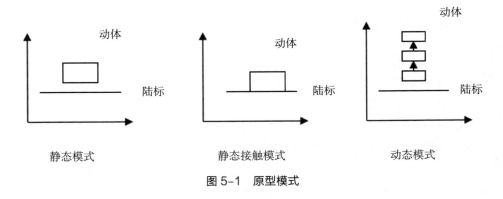

图 5-1　原型模式

我们来看下面一组例子：

例 1：那僧托於掌上，笑道……

The monk...took it up on the palm of his hand and addressed it with a smile.

例 2：已而入一石港，港上一面區灯……

...her boat approached a landing-stage in a grotto, *above* which hung a lantern–sign...

例 3：凤姐儿听了，款步提衣上了楼。

Lifting up her skirts, Xi-feng climbed slowly up the stairs.

动体、陆标（确立动体相对位置的参照物）和纵向的路径三个要素之间及其相互关系构成了"上"的三个意象图式概念。例 1 中，根据上下文的理解，动体是"宝玉"，陆标是那僧人的手掌，两者属于静态接触模式。例 2 中，动体是"匾灯"，路标是"石港"，两者处于静态模式。以上两个例子中的动体处于静止状态，路径为零，而例 3 是动态模式，动体是凤姐，陆标是凤姐上楼前所在的地方，路径是楼梯。

三、汉英语言"上"意象图式差异

（一）空间表述的精确度

汉英两种语言中"上"的原始意象图式基本上是一致的，这源于人类祖先共同的生活经验。但由于地理环境和文化经验存在差异，其中也存在一些差异。我们来看下面几个例子：

例 1：桥上有亭，贾政与诸人到亭内坐了……

Over the centre of the bridge there was a little pavilion, which Jia Zheng and the others entered and sat down in.

例 2："扬州有一座黛山，山上有个林子洞。"

"Near the city of Yangchow there is a mountain called Mt Yu-dai, in the side of which is a cavern called the Cave of Lin."

例 3：贾珍站在台阶上，因问："管家在那里？"

Still standing at the top of the steps to the inner gate, Cousin Zhen inquired what had become of the stewards.

这三个例子中，汉语表述的空间位置不像英语表述得那么精确。汉语只提及陆标的整体，如"桥"、"山"和"台阶"，其他的意象必须依靠"意会"，即根据上下文和百科知识进行逻辑推断、补充。而英语表达却明确无误地点明了陆标的具体部位，如"the centre of the bridge""the side of which""the top of the steps to the inner gate"，这也应了汉语"意合"和英语"形合"的不同特点。

（二）语言表征的精确度

同样，英语也会选择不同用词，从而从形式上更精确地标明陆标和动体相对位置；而汉语只能依赖意会。比如：

例 1：袭人等都在游廊上嘻笑。

Aroma and the girls were all *in* the outside gallery enjoying this spectacle.

例 2：奶子抱着大姐儿，另在一辆车上。

In the carriage after them sat another couple of maids and a nurse holding Xi-feng's little girl.

例 3：上面小小五间抱厦，一色雕镂新鲜花样镉扇，上面悬着一个匾……

Above the steps was a little five-frame penthouse building with a glimpse of delicately-carved partitions visible through the open doorway, above which a horizontal board hung...

例 4：说着便拉了袖子笼在面上……

He wrapped the free end of that garment over his face...

例 5：自己跑到桌子上坐了。

Rushing up to the table, he sat himself down at it in readiness.

上面例子中，汉语仅用了一个"上"字，而英语却用了"in""above""over""at""on"五个介词。我们将陆标按照维度分为线、面、域和体，动体和路标的相对位置决定了不同介词的使用。如图 5-2：

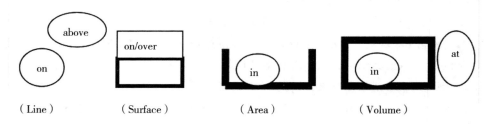

（Line）　　　　（Surface）　　　　（Area）　　　　（Volume）

图 5-2　不同介词的使用

（三）空间范围维度差异

"上"原是指具有具体空间概念，陆标和动体都是具体的物体。但当一个非空间概念被赋予一个动体、一个陆标和一条路径时，便形成了空间概念的隐喻。比如，空间概念被引申为空间范围概念，例示如下。

例 1：老先生倚门凝望，敢是街市上有甚新闻否？

I could see you standing there gazing , sir. Has anything been happening *in* the street ?

例 2：这璜大奶奶不听则已，听了怒从心上起……

It would have been as well for her if she had not done so, for the effect was to kindle a dangerous anger *in* the bosom of her sister-in-law.

例3：所以带他到世上来……

...and（he）has been brought *into* the world...

上面例子中，动体"新闻""怒""世界"均不是具体的物体，陆标"街市""世界"是模糊的空间概念，"心"则是想象出来的空间概念。动体和路标之间不是具体的空间关系，而是认知作用产生的范围概念。在词语的使用上，汉语用了"上"，英语一般用"in"，这也是汉英两种语言很有趣的一个现象，即汉语多用"上""下"，英语多用"in"和"out"。这样的例子《红楼梦》翻译中还有很多，比如，"（踢）在肋上"译为"a kick in the ribs"，"向贾蓉脸上啐了一口"译为"spat... in Jia Rong's face"，"街市上"译为"in the neighborhood"等。再结合上文提到的其他例子，这一点更加明显。这反映了东西方文化不同的认知特点和思维方式。西方文化倾向于把陆标看作一个封闭的容器，多里外之分，思维方式是三维或四维的；而东方文化倾向于把陆标看作一个开放的平面，多上下之分，思维方式是一维或二维的。"street"是建筑物围成的"立体空间"，"街市"却是人来人往的"地面"；"bosom"是一个"容器"，可以容纳各种感情，"心"却是各种感情可以追溯的"源头"；"the world"是一个万物存在的"多维空间"，"世界"却是我们出现、生活的那个"地方"。

（四）"上"的动态模式

汉语中，"上"可以独立作为动词或和动词组合表示动态模式。英语中则没有这样单独的动词。动态模式下的"上"的意义也由原先表示接近更高处引申至接近目的地和焦点事物的隐喻义。所谓焦点事物，就是言语中已经显明或希望显明的事物。"上"的本义是"在高处"，而在人类的认知经验中，高处的事物往往最容易被发现或最重要，所以也是焦点事物。见图5-3。

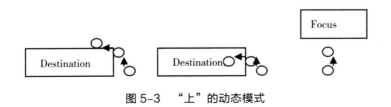

图5-3　"上"的动态模式

下面我们来看几个例子。

例1：……因而贾赦一辈的各自上了车轿，贾珍一辈的也将要上马。

The upshot was that those of Jia She's generation *got into* carriages and sedans, while Cousin Zhen and the younger men mounted on horseback.

例 2：今年是上京给他儿子捐官……

He's up at the capital this year to purchase a place for his son .

例 3：袭人便走上来，坐在床沿上推他……

Aroma hurried over to him and, sitting on the edge of the bed, roused him with a shake.

例 1 中动体明显有一个向上的路径，最后到达目的地；例 2 中的目的地"京（城）"和例 3 中"他"（宝玉）都是显明的事物，动体经由路径接近焦点物体。我们可以看出，英汉两种语言在这里的认知视角存在微妙差异。汉语中的"上"最关注的是路径，其次是陆标和动体；而英语最关注的是陆标，其次是动体和路径。比如，例 2 中陆标是"京（城）"，动体是"他"。汉语句子中的"上"给我们一个清晰的"出发—路途—到京城"的路径轨迹，而英语的译文给我们的首先是"at the capital"这样一个概念，英文中路径的痕迹很弱。这可能和汉民族文化更重视行事过程和方式，而英民族更重视行事结果有关。尽管中国传统文化中有务实的一面，但中国人通常认为行事过程和方式是否合乎道德和规约远比结果重要。梁漱溟说："中国之所尚，在圣贤；西洋之所尚，在伟人。"圣贤做事的过程肯定极端合乎道，不尽在于他是否取得了什么对社会和人类大有裨益的结果；而伟人必然对人类做出过大贡献。所以，汉语中多动词，英语多名词。

（五）"上"的隐喻拓展

我们知道，中国古代社会指称皇帝时就用"上"这个词，《红楼梦》中也是如此。比如，"更祈自加珍爱，惟勤慎肃恭以侍上，庶不负上眷顾隆恩也。"古代社会身高力气大的人总能在竞争中处于优势，获胜者占据高位，继而获得支配其他人的权力。"上"通过隐喻拓展，逐渐用来指代社会权势关系中居于支配地位的阶层。《红楼梦》中有"偶因一着错，便为人上人"，"人上人"就是具有社会地位和权势的人。那么汉语中除了高高在上的皇帝，哪些阶层的人被认为有权势呢？我们通过下面的例子就能明白。

例 1：……清明灵秀之气所秉者，上至朝廷，下至草野，比比皆是。

...there are many people in the court and in the countryside who are endowed with the good essences.

例 2：不上两年，便被上司寻了一个空隙，作成一本……

In less than two years they（his supervisors）found a chance to impeach him.

例 3：上有贾珍溺爱，下有贾蓉匡助……

With a doting Cousin Zhen to protect him on the one hand and Jia Rong to aid and comfort him on the other...

例 4：若拿出作上人的光景镇唬他们，似乎又太无情了。

On the other hand, to frighten her into some sort of compliance by asserting his mastery over her would be heartless.

从上面的例子可以看出，在中国文化中，朝廷相对于草野，上司相对于下级，长辈相对于晚辈，主人相对于仆人，前者都处于支配地位。在上面的翻译中除了例 2，英文几乎都出现了语义空缺现象。例 1 完全将"上""下"略去不译；例 3 的翻译也基本略去了"上""下"的中文喻义；例 4 的"上人"译成"mastery"虽然表达了一定的权势关系，但并不完全。英语中也有表示社会权势关系的词，一般用 top、high、down、lower 来表示。比如，《红楼梦》中"里外上下男女"就被译成"the entire household, high and low, male and female, indoors and out"。可以看出，英语虽然也有社会等级的差别，但主要和社会地位、职位有关，远不像汉语有那么多界限。汉语中的权势关系覆盖了社会的方方面面，这也和中国传统文化有关。比如，林语堂认为，中国的社会和生活都是建立在家庭制度基础上的，这个制度决定并润色整个中国式生活的模型。所以，长辈和晚辈必然等级森严。中国尊老，源于农业社会对农耕经验的依赖，所以长者必然为上，而西方文化中的等级概念几乎不涉及家庭和年龄。祖先为上，长者为上，也导致中国人形成了"过去在上，未来在下"的隐喻概念，如"上一辈""上次""上月"等。反观英语，情况却并非如此，我们来看下面的例子。

例 1：天下无能第一，古今不肖无双。

Of ne'er-do-wells below he was the prime, Unfilial like him none up to this time.

例 2：我家代代念书……

Every generation of the family up to now have been scholars.

例 3：有法儿还等到这会子呢！

Would I have waited up to this moment?

《红楼梦》译文中类似的例子还有很多，似乎都表明英语中存在着"过去为下，未来或现在为上"的隐喻概念。英文中虽然也有相反的特例，但并不多见，这应该也和两个民族不同的文化和物理体验有关。基督教认为每个人都有原罪，只有摆脱过去的原罪，人们才能得到解脱。并且，英语文化主张"主客分离"的宇宙观，多富有冒险开拓精神。和传统中国农业社会造成中国人保守的性格不同，海洋文化和工业化要求英民族必须创新求变。中国的儒家文化强调孝道和对祖先的尊敬，老子的道家更是认为人刚生下来时的赤子之心最宝贵，主张清静无为，这些都使中国传统文化以过去为"上"。

四、结语

语言是沟通认知与世界的主要手段。在文明社会中，语言已构成文化的最主要成分，现代文化更多的是语言的积淀。隐喻是促进语言与认知发展的重要手段，具有鲜明的民族性特点。《红楼梦》是中国四大名著之一，文化底蕴丰厚，而霍克斯的译本更趋向于将汉语中的隐喻以英语文化中的隐喻方式进行表述。所以，选取《红楼梦》及霍译本为语料，分析"上"的空间隐喻，从其和译文的对比中发现了隐含在其中的东西方文化异同：东方文化的模糊与西方文化的精确；东方文化的平面思维和西方文化的立体思维；东西方文化对过程和结果的不同侧重以及东方文化中权势关系的普遍性等。

第三节　《红楼梦》中"这""那"的英译

指示是英、汉语言中都存在的普遍的现象，是语用学的重要课题。汉语中的"这"和"那"及英语中的"this"和"that"是两种语言中常用的指示照应粘连项目。在语义上，"这"和"this"相对应，都表示近指，"那"和"that"相对应，都表示远指。

本节尝试从两种语言中最常见的两个指示词的用法来探究汉英两个民族不同的思维模式。本节所有例句均选自中国传统名著《红楼梦》及其英译本。

一、"这"（this）和"那"（that）的基本用法

许多语言学家对"这"（this）和"那"（that）的研究已涉及语境、语用、语义和认知的语篇领域，不再局限于传统的句法领域。何兆熊在《语用学概要》中将指示语的用法分为指示用法（文外照应关系）和非指示用法（文内照应关系），并将指示用法列入语用学的研究范畴，而将非指示用法排除在外。韩礼

德（Halliday）和哈桑（Hasan）列出了指示词的指示照应系统（图5-4）。

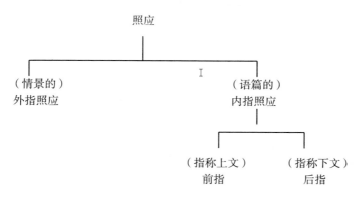

图 5-4　指示词的指示照应系统

和何兆熊一样，韩礼德和哈桑认为，说话者通过指明事物在时间或空间上的远近来确定所指对象。时间和空间上的远近以说话者所在的时间和位置作为参照点。因此，就它们所指的时间和空间概念来说，"这"（this）指近，"那"（that）指远。迪克（Dik）的表示如下：this[+proximity]; that[−proximity]。但胡壮麟教授等语言学家认为，指示代词的远近原则并不总是适用。麦卡锡（McCarthy）认为，当远近性原则不总是适用时，可以遵从如下选择原则："this"标示一个实体或注意焦点转换至一个新的焦点，即引入焦点；"that"越过当前焦点指称非当前、非中心和边缘化或其他属性的实体或焦点。而何兆熊和尤尔（Yule）提出了"心理距离"的概念，他们认为当实际距离原则不适用时，如"this"和"that"指上下文的都有，选哪个词取决于说话人在说话时对所指事件的心理距离。Kirsner认为，"this"（这）为高强指示，"that"（那）为中等指示，"it"为低浅指示；斯特劳斯（Strauss）用"关注"替代了"指示"，这里的高中低之分的依据是说话人期望听话人对所指信息的关注度。我们可以从下面的几个例子来看这（this）和那（that）的用法。

例1："我有一个孽根祸胎，是这家里的混世魔王。"

"...that's my dreadful son, the bane of my life, who torments us all in this house like a real devil."（空间指示，情景照应，象征型用法）

例2：贾母——指于黛玉道："这是你大舅母，这是你二舅母，这是你先前珠大哥的媳妇珠大嫂子。"

...the mother of Chia Sheh and Chia Cheng, who now introduced the family one by one. " *This.*" she said： "is your elder uncle's wife, this is your second uncle's wife, this is the wife of your late Cousin Chu." （空间指示，情景照应，姿势型用法）

例 3：士隐不待说完，便道："兄何不早言，弟已久有此意，但每遇兄时，并未谈及，故未敢唐突……"

"Why didn't you say so before？" interposed Shin-yin. " I have often wondered about this, but since you never mentioned it didn't like to broach the subject..."（语篇照应，前指，信息焦点或高强度指示／关注）

例 4：平儿道："那里来的香菱！是我借他撒个慌儿。奶奶瞧，旺儿媳妇越发连个算计也没了！"

"'It wasn't Xiangling!' said Pinger, giggling. 'I made that up. Really, madam, *that* wife of Lai Wang's wife is all the little sense she had.'"（非信息焦点，非高强度指示／关注）

二、"这""那"和"this""that"用法差异及所体现的民族思维差异

英汉语言中这两个指示词虽然有很多共通之处，但在用法上却不尽相同，这种不同在一定程度上反映出汉英两个民族在思维模式上的差异。

（一）隐性回指

隐性回指是一种语义上的衔接。隐性先行词和回指项所指称的对象不同，其语义参照关系表现为：属于同一类别（先行词和回指项的指称对象是同一类别的不同个体）；属于个体的包含关系（先行词和回指项的指称对象是同一个体包含关系）。英语中包括型隐性回指都要依靠定冠词或指示词释读；而汉语中没有定冠词，照应关系依靠"这"或"那"等词释读，但在很多情况下，汉语形式上并不出现任何指示词，需要读者推导。

例 5：庙旁边住着一家乡宦，姓甄，名费，字士隐。

Beside this temple lived a gentleman named Chen Fei, whose courtesy name was Shi-yin.

例 6："……小人告了一年的状，竟无人做主，求太老爷拘拿凶犯，以扶善良，存殁感激在恩不尽！"

"I lodged a charge a year ago，but nothing came of it. I beg your honor to arrest the criminal, punish the evil-doers and help the widow and orphan. Then both the living and the dead will be everlastingly grateful."

例 7：……迟了一会儿，宝玉才把梦中之事细说与袭人听。说到云雨私情，羞得袭人掩面而笑。

... "It's a long story." answered Baoyu, then told her his dream in full, concluding with his initiation by his Discenchantment into the "sport of cloud and rain." Hsi-jen, hearing this, covered her face and doubled up in a fit of giggles.

北京大学季羡林教授认为，东西方文化最根本的不同表现在思维模式上面。他说："一言而蔽之，东方思维模式是综合的，而西方则是分析的。"表现在语言上，汉语句子重"意合"，强调内容或表意的完整性；英语句子重"形合"，强调结构的完整性和形态的严谨性。例 5 中"庙旁边"并没有任何指示词，但懂汉语的人根据上下文能明白"庙旁边"的前面隐含了一个指示词"那"，而翻译成英语时，如果不加"that"，就不符合英语语法；例 6 中的"凶犯"也没有任何限定，英语中就必须加上限定；例 7 在译文中加入了"hearing this"，以表达上下文的逻辑关系。从上面几个例子可以看出，东方文化的整体思维习惯有着很强的整合功能。因此，虽然用意合法构成的汉语句子缺乏表达内部语法关系的词汇，但中国人凭借着对事物的整体把握，对潜藏在字里行间的真实意义仍能心领神会，而西方文化的逻辑性则决定了英语句子"以形统神"。

（二）心理距离和实际距离

上文作者提到何兆熊和尤尔提出了"心理距离"的概念，他们认为当实际距离原则不适用时，如 this 和 that 指上下文的都有，选哪个词取决于说话人在说话时对所指事件的心理距离。相对而言，汉语更重视心理距离，而英语更重视实际距离。所以就出现了汉语中用"这"翻译成英语却必须用 that。

例 8：凤姐笑道："这个孩子的扮相活像一个人，你们再看不出来。"

"When that child's made up she's the living image of someone here," remarked Xifeng. "Have none of you noticed?"

例 9：宝玉听了，如醍醐灌顶，"嗳哟"了一声，方笑道："怪道我们家庙说是'铁槛寺'呢！原来有此一说。姐姐就请，让我去写回帖。"

Baoyu felt as if Buddha had suddenly shown him the light. "Aiya!" he exclaimed. "No wonder our family temple is called Iron Threshold Temple. So that's the origin of the name. Well cousin, I won't hold you up any longer. I must go and write a reply."

例 8 从空间距离来讲，以坐在舞台下的凤姐为参照点提及台上的戏童，指示代词应该用"那"，但凤姐为了讨好贾母，要大家注意那个孩子，所以汉语用"这"；而英语更重视实际空间距离，所以译成了"that"。例 9 中贾宝玉对家庙名字的渊源恍然大悟，所以汉语用了"有此一说"；而英语中的"that"指的是前文提及的缘由。从上面的例子可以看出，汉民族的选词更多地注重主观感受，语言具有很大的弹性和模糊性，这源于汉民族认为"万物皆备于我"，强调"天人合一"，主观参与到客观中去，所以必然强调主体意识，一切以"人"为出发点，正所谓"夫万事万物之理，不外乎心"；而西方文化恰恰相反，不重主体而重客体，其所关心的重点是"自然"，是"知识"，逻辑性强，有反省知识的知识论，有可观的、分解的本体论与宇宙论，所以西方文化发展出了科学。

（三）"这"（this）和"那"（that）在话语中出现的频率

吕叔湘最早指出，复指前文时用"那"和用"这"意思差不多，但汉语中用"这"比用"那"多。曹秀玲（2000）统计了 20 万字的语料，指出"这""那"单用回指上文时，比例为 61.9%：36.8%，"这""那"+ NP 回指的比例是 33.35%：9.46%，"这"的用量远远高于"那"。汉语中的"这"有时可以用来指称上文中提到的刚发生不久的事，而在英文中却一般使用"that"；汉语中的"这"还可以用来指称统一篇章中别人说的话或提到的事，而这一指称功能在英语中却一般由"that"来承担。根据《汉语词汇的统计与分析》（北京外语教学与研究出版社，1985）的抽样统计，用作指示代词的"这"和"那"的使用频率为表 5-1：

表5-1   "这"和"那"的使用频率

	频率位次	绝对使用频率
"这"	12	2845
"那"	27	1398

在英文中，that 的功能负荷量大于"this"。根据《英国和美国英语词汇使用频率》（Word Frequencies in British And American English, Longman, 1982）的抽样统计，"this"和"that"的使用频率为表 5-2：

表5-2　"this"和"that"的使用频率

	频率位次	绝对使用频率
This	22	5287
That	7	11188

这说明，"that"在英语中是第七个最常用的词，而"this"是第二十二个。

在语义上，"这"和"this"相对应，都表示近指，"那"和"that"相对应，都表示远指。汉语中"这"的使用频率多，而英语中"that"使用频率多。除了能反映汉民族注重自我、更关注自身周围的事物外，也反映出汉民族的封闭性。中国封建社会的私有制，兼有割据性和自给自足的小农经济的特点；汉民族几千年来生活在东临大海西靠高山的大陆上，对外几乎成了一个封闭神秘的世界；中国古代氏族血缘关系和伦理道德构成了一个庞大的封闭的理论体系。以上这些映射到语言上，汉语就成了一种相对封闭的语言。而形成鲜明对比的是，西方文化属于唯求富强的外倾性商业文化、海洋文化；英语民族的祖先属于游牧民族，四面临海，形成了敢于冒险的性格，所以英语也就成了全球的开放性语言。

三、结语

思维和语言有着密切的联系，脱离了语言的思维"无以定其形，无以约其式，无以证其实"。"窥一斑可见全豹"，英汉两种语言中最简单的两个词的不同就可以体会到英汉两个民族的不同思维方式，即汉民族善于整体把握，重悟性，强调主体意识，但同时求稳不求变而略显封闭和保守；英民族重逻辑、规则、实证和客观分析，求变而富有冒险精神。学习一种语言必须了解这种语言所承载的文化，否则就不可能实现真正的交流。

结语：中华文化的跨语际书写

Block & Cameron 指出，"全球化的交际不但需要有共享的频道（如互联网和视频会议），还需要有共享的语码。对很多参与全球化交流的人来说，这些有关的语码并非习得的，而是要学习的。在很多情况下，'全球化社会关系的加强'也加强了全球化网络成员发展一种以上的语言能力或是掌握一些他们已经懂得的语言的新的使用方式的需要，同时全球化也改变了产生语言学习和教学的条件。"

中华优秀传统文化是习近平总书记治国理念的重要来源。习近平多次强调中华传统文化的历史影响和重要意义，将弘扬中华优秀传统文化同"中国梦"紧密结合起来，赋予其新的时代内涵。2017 年，中共中央办公厅、国务院办公厅印发了《关于实施中华优秀传统文化传承发展工程的意见》（以下简称《意见》）。《意见》明确了该工程的总体目标：到 2025 年，中华优秀传统文化传承发展体系基本形成，研究阐发、教育普及、保护传承、创新发展、传播交流等方面协同推进并取得重要成果，具有中国特色、中国风格、中国气派的文化产品更加丰富，文化自觉和文化自信显著增强，国家文化软实力的根基更为坚实，中华文化的国际影响力明显提升。《意见》特别强调积极参与世界文化的对话交流，不断丰富和发展中华文化。

在中国历史上，自隋唐开始的中国文化的跨地区、跨语际、跨国别传播，一直延续到清代，鸦片战争以前，中国一直是文化输出的主体国和文化接受的对象国，中国文化被周边国家主动吸取、广泛接受，特别是东亚一些国家，对中国的文字、书法、绘画、典籍、民俗、服饰、建筑等文化广泛吸取和接纳，形成了得到广泛认同的儒家文化圈或汉字文化圈。不仅如此，通过西域的丝绸之路和东南沿海的海上丝绸之路，中国的文化与物质产品传播到西亚、中亚、中东，并远播到欧洲，产生了世界性影响。梁漱溟先生认为，中国文化放射于四周之影响，既远且大，即便是欧洲近代文明也得益于中华文明。比如，文艺复兴实得力于中国若干物质发明之传习，十七八世纪的启蒙运动也受到了中国思想（如儒家）的启发。

徐行言将历史上的东西方文明交流概括为四种途径：物质和产品贸易、政府主导的官方关系为主导的联络、宗教传播为主的文化交流、军事冲突和征服伴随的文化碰撞和渗透。通过这个脉络，我们清晰地看到新中国成立前中华文化日益边缘化的时间轨迹契合于中国闭关锁国和国力衰退的过程，以至于西方文明自西向东单向侵越。

两千多年前，人们就通过海陆两条丝绸之路开展商贸往来。从2100多年前张骞出使西域到600多年前郑和下西洋，海陆两条丝绸之路把中国的丝绸、茶叶、瓷器等输往沿途各国，带去了文明和友好，赢得了各国人民的赞誉和喜爱。我国目前正在实施的"一带一路"倡议旨在借用古代丝绸之路的历史符号，高举和平发展的旗帜，积极发展与沿线国家的经济合作伙伴关系，共同打造政治互信、经济融合、文化包容的利益共同体、命运共同体和责任共同体。

衡量一个国家崛起的关键因素是文化，文化的认同是民心相通的基础。任何民族的思维模式都是定型化了的思想方法，是每个民族在长期的地理环境、经济文化环境的影响下逐步形成的。东西方文明差异由来已久。《尚书·舜典》中说过："八音克谐，无相夺伦，神人以和。"孟子所养"浩然之气"可以充塞天地之间。道家讲"天地与我并生，万物与我为一。"儒家一方面从"利用厚生"方面讲人与自然的统一，另一方面从"正德"方面强调人与自然的统一，认为伦理道德的规律与自然规律在根本上是一致的。可以说，"天人合一"的思想渗透到了中华民族的集体无意识当中，形成了汉民族的主体思维方式。这种思维方式从内在的主体意识出发，按照主体意识的评价和取向，赋予客观世界以某种意义。而欧美等西方国家在其"神人分立"的哲学思想指导下，认为人的思想独立于自然之外，人能够战胜自然、改造自然。"主客两分"主张把物质与精神、社会与自然、本质与现象对立起来。这符合西方文化"两元素彼此外在，相互独立，'因'不依赖'果'而存在，'果'也不依赖'因'而存在"的思辨模式。

汉语典籍是中华优秀传统文化的最大载体，也是经典语码。因时间、空间的限制，这种经典语码若不加强现代化的解读和翻译，将会逐渐成为"死语码"。近三十年来，学术界一直致力于东西方跨文化诠释和语言交往形式的多种可能性的重新思考，相关理论不断处于解构和建构中。比如，后殖民理论、文化身份认同、自我和他者等问题的复杂讨论取得了长足进步。但相关理论或偏于向内指向或专注于二元对立。于是，美国著名华裔批评家刘禾提出了"语际书写"和"跨语际实践"两个概念。

"语际书写"研究的重心不是技术意义上的翻译，而是翻译的历史条件以及由不同语言间最初的接触而引发的话语实践。考查新词语、新意思和新话语的兴起、代谢，并在本国语言中获得合法性的过程，不论这过程是否与本国语言和外国语言的接触和撞击有因果关系。即是说，当概念从一种语言进入另一种语言时，意义与其说发生了"转型"，不如说在后者的地域性环境中得到了再创造。在这个意义上，翻译已不是一种中性的、远离政治与意识形态斗争的和利益冲突的行为，相反，它成了这类冲突的场所，在这里，被译语言不得不与译体语言面对面遭逢，为它们之间不可简约之差别决一雌雄，这里有对权威的引用和对权威的挑战、对暧昧性的消解和创造，直到新词或新意义在译体语言中出现。刘禾希望跨语际实践的概念可以引申出一套语言的适应、翻译、介绍以及本土化的过程。

刘禾女士对于跨文化交流的另类诠释源于解构主义语言观。解构主义语言观认为，任何符号的意义都是悬置的、延异的，意义仅存在于系统差异之中。解构主义打破了语言文化的僵化幻象，认为文本的意义开放而不固定，仅动态存在于互文的语境之中。

霍米·巴巴（Homi K. Bhabha）将解构主义应用于后殖民理论研究，提出了"第三空间"概念。他认为，殖民与被殖民的情境彼此杂糅，形成"第三空间"，并因而发展出存在于语言认同与心理机制之间、既矛盾又模糊的新过渡空间，这成为动摇、消解强势文化霸权地位的有效策略。人类的各种文化都是靠差异来确定自身的，都内在地与其他文化相参照，因而有其他文化的踪迹，并且被其他文化所改写。法国解构主义的鼻祖雅克·德里达（Jacques Derrida）认为，形而上学的"在场"不是实在的，"现时"不可能停留在一个点上，它们是过去的延续，是未来的预设。

2014 年 2 月 17 日，习近平在省部级主要领导干部学习贯彻十八届三中全会精神全面深化改革专题研讨班开班式上提出，把跨越时空、超越国度、富有永恒魅力、具有当代价值的文化精神弘扬起来，把继承优秀传统文化又弘扬时代精神、立足本国又面向世界的当代中国文化创新成果传播出去。尽管学界对"语际书写"和"跨语际实践"也有不同声音，但如果能通过提炼、改造和完善"语际书写"理论体系，提出中国传统文化跨语际书写策略，将对以中华传统文化走出去为导向的跨文化实践大有启发。

汉语典籍英译是中华传统文化语际书写的一部分，我们有必要将它置于全球化和中外文明交流的大背景下，在翻译实践中重点探索研究中国传统文化语际书写过程中的价值定向、书写策略和经典化过程，这需要从事汉语典籍英译实践和研究的同人们共同努力。

参考文献

[1]　BASSNETT S, LEFEVERE A. Constructing cultures: essays in literary translation [J]. International journal of bilingual education and bilingualism, 2002（5）: 135-139.

[2]　BLOCK D, CAMERON D. Globalization and language teaching [M]. London: Routledge, 2002.

[3]　BLOOM H. Anxiety of influence[M]. Oxford: Oxford University Press, 1973.

[4]　BOLINGER D, MERTON D L, SEARS, et al. Aspects of language（3rd ed.）[M]. New York: Harcourt Brace Jovanovich, 1981.

[5]　BOLINGER D. Meaning and form [M]. London: Longman, 1977.

[6]　CAO X Q, GAO E. The story of the stone[M]. Trans. HAWKES D, MINDFORD J. London: Penguin Group, 1986.

[7]　CAO X Q, GAO E.The story of the stone[M]. Trans. YANG X Y, YANG G. Beijing: Foreign Languages Press, 1982.

[8]　CAO X Q. A dream of red mansions[M]. Trans. YANG X Y, YANG G. Beijing: Foreign Languages Press, 2009.

[9]　CAO X Q. Dream of the red chamber[M]. Trans. WANG C C. New York: Knopf Doubleday Publishing Group, 1958.

[10]　TIMOTHY C, CROFT W. Domains and image schemas [J]. Cognitive linguistics, 1999（1）: 10 .

[11]　CROFT W, CRUSE A D. Cognitive linguistics [M]. Peking: Peking University Press, 2006.

[12]　DIK S C. Functional grammar[M]. Amsterdam: North-Holland Publishing Company, 1997.

[13]　BRONTE E. Wuthering heights[M]. Beijing: Foreign Language Teaching and Research Press, 1994.

[14]　LEECH G N. A linguistic guide to english poetry [M]. London: Longman, 1974.

[15] GIBBS, RAYMOND W J. The cognitive psychological reality of image schemas and their transformations[J]. Cognitive Linguistics, 1995, 6（4）: 347-378.

[16] GUTT, AUGUST E. Translation and relevance: cognition and context[M]. Oxford: Basil Blackwell, 1991.

[17] GUTT, AUGUST E. Translation and relevance: cognition and context[M].Shanghai: Shanghai Foreign Language Education press , 2004.

[18] HALLIDAY M, HASAN R. Cohesion in English [M]. London: Longman, 1976.

[19] HENRICKS R G. Lao-tzu te-tao ching: a new translation based on the recently discovered ma-wang-tui texts [M]. New York: Ballantine Book, 1989.

[20] JACKENDOFF R S. Semantics and cognition [M]. Cambridge: The MIT Press, 1983.

[21] JAKOBSON, ROMAN. Selecting Writings III [M]. The Hague: Mouton, 1962.

[22] JAKOBSON, ROMAN. Selecting Writings V [M]. The Hague: Mouton, 1971.

[23] LEGGE J. The shi king[M]. Taipei: SMC publishing Inc., 1997.

[24] CAO X Q. The story of the stone [M]. Trans. MINFORD J. London: Penguin Book Ltd., 1986.

[25] JOHNSON, MARK. The body in the mind: the bodily basis of meaning imagination, and reason[M].Chicago: The University of Chicago Press, 1987.

[26] KIRSNER R S. Deixis in discourse [M]. London: Oxford University Press, 1996.

[27] KRISTEVA J. Desire in language: a semiotic approach to literature and art[M]. Oxford: Basil Blackwell，1969.

[28] LAKOFF G, TURNER M. More than cool reason: a field guide to poetic metaphor [M]. Chicago: The University of Chicago Press, 1989.

[29] LAKOFF G, JOHNSON M. Metaphors we live by [M]. Chicago: The University of Chicago Press，1980.

[30] LAKOFF G. Woman, fire and dangerous things [M] . Chicago: The University of Chicago Press, 1987.

[31] LANGACKER, RONALD W. Nouns and verbs [J]. Language, 1987（63）: 53-94.

[32] LANGACKER, RONALD W. Grammar and conceptualization [M]. Berlin & New York: Mouton de Gruyter, 1999.

[33] LAO–TZU. Tao te ching: the classic book of integrity and the way [M]. Trans. MAIR

V H. New York, Toronto, London, Sydney & Auckland: Bantam Books, 1990.

[34] LAU D C. Chinese classics: tao te jing [M]. Hong Kong: The Chinese University of Hong Kong Press, 1982.

[35] LIN Y T. The Wisdom of laotse [M]. Beijing: Foreign Language Teaching and Research Press, 2009.

[36] ANDRE L. Translation: history, culture[M]. London: Routledge, 1992.

[37] MCCARTHY M. Discourse analyses for language teachers [M].Cambridge: Cambridge University Press, 1991.

[38] NORD, CHRISTIANE. Translating as a purposeful activity: functionalist approaches explained[M]. Shanghai: Shanghai Foreign Language Education Press, 2001.

[39] ALBERT N, GREGORY M S. Translation as text[M]. Kent: Ohio Kent State University Press, 1992.

[40] PRINCE G. A dictionary of narratology [M]. London: University of Nebraska Press, 1987.

[41] SPERBER D, WILSON D. Relevance: communication and cognition[M]. oxford: Basil Blackwell, 1995.

[42] STRAUSS S. This, that and it in spoken American English: a demonstrative system of gradient focus [j]. language sciences, 2002, 24（2）: 131-152.

[43] TALMY L. Toward a cognitive semantics, volume i: concept structuring systems [M]. Cambridge: The MIT Press, 2000.

[44] UNGERER F, SCHMID H J. An introduction to cognitive linguistics[M]. Beijing: Foreign Language Teaching and Research Press, 2008.

[45] VERMEER H J. What does it mean to translate?[J]. Indian Journal of Applied Linguistics, 1987（2）: 25-33.

[46] ARTHUR W. The analects[M]. Shanghai: Shanghai Foreign Language Education Press, 1997.

[47] YULE G. Pragmatics [M]. London: Oxford University Press, 1996.

[48] YULE G. The Study of Language [M]. Beijing: Foreign Language Teaching and Research Press, 2000.

[49] 蔡新乐. 翻译与汉语: 解构主义视角下的译学研究 [M]. 北京: 中央编译出版社, 2006.

[50] 蔡新乐. 相关的相关: 德里达 "相关的" 翻译思想及其他 [M]. 北京: 中国社会科学出版社, 2007.

[51] 蔡钟翔. 说 "两极兼容": 关于中国传统思维模式的一点感悟 [J]. 郧阳师范高等专科学校学报, 2003, 23 (1): 69-70.

[52] 曹雪芹. 红楼梦 [M]. 北京: 人民文学出版社, 1996.

[53] 曹雪芹, 高鹗. 红楼梦 [M]. 北京: 人民文学出版社, 1964.

[54] 徐行言, 曹顺庆. 跨文明对话: 视界融合与文化互动 [M]. 成都: 巴蜀书社, 2009.

[55] 陈建民. 中国语言和中国社会 [M]. 广州: 广东教育出版社, 1999.

[56] 陈可培. 沟通中西文化的有益尝试: 论大卫·霍克斯译《红楼梦》几首词 [J]. 红楼梦学刊, 2001 (3): 169-181.

[57] 陈可培. 从文化比较看《红楼梦》英译本 [J]. 红楼梦学刊, 2000 (1): 224-232.

[58] 陈家旭. 英汉隐喻认知对比研究 [M]. 上海: 学林出版社, 2007.

[59] 陈嘉. 英国文学作品选读: 第 2 册 [M]. 北京: 商务印书馆, 1982.

[60] 程裕祯. 中国文化要略 [M]. 北京: 外语教学与研究出版社, 2003.

[61] 程钢. 理雅各与韦利《论语》译文体现的义理系统的比较分析 [J]. 孔子研究, 2002 (2): 17-28.

[62] 丹·斯珀伯, 迪埃钰·威尔逊. 关联: 交际与认知 [M]. 蒋严, 译. 北京: 中国社会科学出版社, 2008.

[63] 希拉茨. 德克·希拉茨认知社会语言学十讲 [M]. 北京: 外语教学与研究出版社, 2010.

[64] 冯庆华. 母语文化下的译者风格 [M]. 上海: 上海外语教育出版社, 2008.

[65] 冯友兰. 中国哲学简史 [M]. 赵复三, 译. 北京: 世界图书出版公司, 2011.

[66] 傅雷.《高老头》重译本序 [M]// 罗新璋. 翻译论集. 北京: 商务印书馆, 1984: 559-695.

[67] 顾曰国. 礼貌、语用与文化 [J]. 外语教学与研究, 1992 (4): 10-17.

[68] 郭鸿. 现代西方符号学纲要 [M]. 上海: 复旦大学出版社, 2008.

[69]　哈罗德·布鲁姆. 西方正典：伟大作家和不朽作品 [M]. 江宁康，译. 南京：译林出版社 , 2005.

[70]　何兆熊. 新编语用学概要 [M]. 上海：上海外语教育出版社 , 2000.

[71]　何自然, 冉永平. 新编语用学概论 [M]. 北京：北京大学出版社 , 2009.

[72]　贺玉高. 霍米·巴巴的杂交性身份理论研究 [M]. 北京：中国社会科学出版社 , 2012.

[73]　洪涛 . 女体和国族：从《红楼梦》翻译看跨文化移殖与学术知识障 [M]. 北京：国家图书馆出版社 , 2010.

[74]　胡安江. 寒山诗：文本旅行与经典建构 [M]. 北京：清华大学出版社 , 2011.

[75]　胡牧. 主体性、主体间性抑或总体性：对现阶段翻译主体性研究的思考 [J]. 外国语, 2006（6）: 66-72.

[76]　胡壮麟. 语篇的衔接与连贯 [M]. 上海：上海外语教育出版社 , 1994.

[77]　胡壮麟. 认知隐喻学 [M]. 北京：北京大学出版社 , 2004.

[78]　黄国文. 翻译研究的语言学探索：古诗词英译本的语言学分析 [M]. 上海：上海外语教育出版社 , 2006.

[79]　胡国强, 胡连生. 诗经注释 [M]. 南宁：广西民族出版社 , 1995.

[80]　贾德江. 英汉语对比研究与翻译 [M]. 长沙：国防科技大学出版社 , 2002.

[81]　李福印, 高远. 克里斯·辛哈语言、文化与心智：发展及进化与认知语言学十讲 [M]. 北京：外语教学与研究出版社 , 2011.

[82]　老舍. 写与读 [M]. 长沙：湖南人民出版社 , 1984.

[83]　蓝纯. 认知语言学与隐喻研究 [M]. 北京：外语教学与研究出版社 , 2005.

[84]　蒋勋. 蒋勋说《红楼梦》（第五辑）[M]. 上海：三联书店 , 2011.

[85]　蒋勋. 蒋勋说《红楼梦》（第一辑）[M]. 上海：三联书店 , 2011.

[86]　老子. 道德经（汉英对照）[M]. 威利, 译 . 北京：外语教学与研究出版社 , 1997.

[87]　吕叔湘. 近代汉语指代词 [M]. 上海：学林出版社 , 1985.

[88]　连淑能. 英汉对比研究 [M]. 北京：高等教育出版社 , 2012.

[89]　连淑能. 论中西思维方式 [J]. 外语与外语教学 , 2002（2）: 40-46.

[90]　李玉良. 《诗经》英译研究 [M]. 济南：齐鲁书社 , 2007.

[91]　李福印. 认知语言学概论 [M]. 北京：北京大学出版社 , 2008.

[92] 李根亮.《红楼梦》与宗教 [M]. 长沙：岳麓书社，2009.

[93] 李拥军. 从民族思维模式解析中西方法律文化的差异 [J]. 河南省政法管理干部学院学报，2003（3）：116-120.

[94] 李瑞华. 英汉语言文化对比研究 [M]. 上海：上海外语教育出版社，1996.

[95] 李新德. 明清时期西方传教士中国儒道释典籍之翻译与诠释 [M]. 北京：商务印书馆，2015.

[96] 李学勤. 十三经注疏·毛诗正义 [M]. 北京：北京大学出版社，1999.

[97] 李幼蒸. 理论符号学导论（第三版）[M]. 北京：中国人民大学出版社，2007.

[98] 梁漱溟. 中国文化要义 [M]. 上海：上海人民出版社，2005.

[99] 林煌天. 中国翻译词典 [M]. 武汉：湖北教育出版社，1997.

[100] 林精华, 李冰梅, 周以量. 文学经典化问题研究 [M]. 北京：人民文学出版社，2010.

[101] 林语堂. 中国人的生活智慧 [M]. 西安：陕西师范大学出版社，2007.

[102] 刘禾. 跨语际实践：文学、民族文化与被译介的现代性（中国，1900-1937）[M]. 北京：生活·读书·新知三联书店，2008.

[103] 刘华文. 翻译的多维度研究 [M]. 上海：上海译文出版社，2012.

[104] 刘军平. 西方翻译理论通史 [M]. 武汉：武汉大学出版社，2010.

[105] 刘勰著，周振甫注. 文心雕龙注释 [M]. 北京：人民文学出版社，2003.

[106] 罗贝尔·埃斯皮卡尔. 文学社会学 [M]. 杭州：浙江人民出版社，1987.

[107] 罗纳德·沃德华. 社会语言学引论 [M]. 雷洪波，译. 上海：复旦大学出版社，2005.

[108] 罗选民. 从互文性看《红楼梦》书名的两种英译 [M]// 谢天振. 翻译的理论建构与文化透视. 上海：上海外语教育出版社，2000.

[109] 罗毅. 论索绪尔的"任意性"与汉语有形符号的特异性 [J]. 西华师范大学学报（哲学社会科学版），2004（5）：52-56.

[110] 马红军. 从文学翻译到翻译文学：许渊冲的译学理论与实践 [M]. 上海：上海译文出版社，2006.

[111] 马壮寰. 索绪尔语言理论要点评析 [M]. 北京：北京大学出版社，2008.

[112] 穆诗雄. 跨文化传播：中国古典诗歌英译论 [M]. 合肥：中国科学技术大学出版社，2004.

[113]　钱冠连. 语言全息论 [M]. 北京：商务印书馆，2003.

[114]　乔小六. 关联翻译理论和英汉谚语跨文化翻译 [J]. 南京理工大学学报（社会科学版），2007（5）：45-48.

[115]　乔小六. 论《红楼梦》英文版翻译第三空间建构 [J]. 贵州社会科学，2013（12）：43-46.

[116]　乔小六. 汉英民族思维方式对英汉句式的影响 [J]. 外语研究，2017（1）：33-34.

[117]　乔小六.《红楼梦》中"上"的翻译及汉英空间隐喻对比 [J]. 盐城师范学院学报（人文社会科学版），2011，31（1）：101-104.

[118]　乔小六. 认知语法视野下的《红楼梦》英译 [J]. 上海翻译，2014（4）：73-76.

[119]　乔小六."这（this）""那（that）"和汉英民族思维模式差异 [J]. 华北电力大学学报（社会科学版），2006（3）：112-115.

[120]　乔小六. 对索绪尔"语言任意性"的再认识 [J]. 安徽农业大学学报（社会科学版），2011，20（21）：105-108.

[121]　乔小六. 关联翻译理论和英汉谚语跨文化翻译 [J]. 南京理工大学学报（社会科学版），2007（5）：45-48.

[122]　乔小六. 释意与关联：关联翻译理论与口译释意理论比较 [J]. 黑龙江高教研究，2011（7）：177-180.

[123]　乔小六.《红楼梦》霍译版刘姥姥艺术形象的经典建构 [J]. 学海，2014（5）：81-85.

[124]　荣开明，赖传祥，李明华，等. 现代思维方式探略 [M]. 上海：上海外语教育出版社，1989.

[125]　萨莫瓦约，蒂费纳. 互文性研究 [M]. 邵炜，译. 天津：天津人民出版社，2003.

[126]　沙少海，徐子宏. 老子全译 [M]. 贵阳：贵州人民出版社，1989.

[127]　邵燕祥. 邵燕祥随笔 [M]. 成都：四川文艺出版社，1995.

[128]　生安峰. 霍米·巴巴的后殖民理论研究 [D]. 北京：北京语言大学，2004.

[129]　史迪芬·平克. 语言本能 [M]. 汕头：汕头大学出版社，2004.

[130]　史志康. 由英译《中国 2010 年上海世博会申办报告》想到的几个问题 [J]. 东方翻译，2010（3）：4-9.

[131]　宋晓春. 论翻译中的主体间性 [J]. 外语学刊，2006（1）：89-92.

[132]　孙大雨. 古诗文英译集 [M]. 上海：上海外语教育出版社，2000.

[133]　孙正聿. 哲学通论 [M]. 沈阳：辽宁人民出版社，1998.

[134]　索绪尔. 普通语言学教程 [M]. 高名凯，译. 北京：商务印书馆，1980.

[135]　皮尔斯. 皮尔斯文选 [M]. 涂纪亮，周兆平，译. 北京：社会科学文献出版社，
　　　　2006.

[136]　涂瀛. 红楼梦论赞 [M]. 北京：中华书局，1963.

[137]　王彬彬. 花拳绣腿的实践：评刘禾《跨语际实践：文学、民族与被译介的
　　　　现代性（中国，1900–1937）》的语言问题 [J]. 文艺研究，2006（10）：139-
　　　　146.

[138]　王宏印. 试论霍译《红楼梦》体制之更易与独创 [M]// 刘士聪. 红楼译评 .[M].
　　　　天津：南开大学出版社，2005.

[139]　王纪红. 谈《红楼梦》书名的两种英译 [J]. 南京工程学院学报（社会科学版），
　　　　2006（1）：16-18.

[140]　王纪红. 论《诗经》中叠词的英译 [J]. 怀化学院学报，2011（1）：89-90.

[141]　王纪红. 训诂和互文性理论下的《道德经》第七十一章五种英译思辨 [J]. 译
　　　　林（学术版），2012（4）：161-168.

[142]　王纪红. 翻译文本中的互文传递：基于韦利《论语》的英译本分析 [J]. 内蒙
　　　　古农业大学学报（社会科学版），2011，13（5）：355-356，359.

[143]　王纪红.《论语》"颜渊问仁"章的误读与重译 [J]. 外国语言文学，2013，
　　　　30（4）：270-274，279.

[144]　王纪红. 从《邶风·击鼓》英译本看译者主体性与文化误译的关系 [J]. 考试
　　　　与评价（大学英语教研版），2017（4）：59-64.

[145]　王金波，王燕. 被忽视的第一个《红楼梦》120 回英文全译本：邦斯尔神父《红
　　　　楼梦》英译文简介 [J]. 红楼梦学刊，2010（1）：195-209.

[146]　王铭玉. 语言符号学 [M]. 北京：高等教育出版社，2004.

[147]　汪榕培. 漫谈《诗经》的英译本 [J]. 外语与外语教学，1995（3）：40-43.

[148]　王扬. 思维模式差异及其对语篇的影响 [J]. 四川外语学院学报，2001（1）：
　　　　81-83.

[149]　王寅. 象似性辩证说优于任意性支配说 [J]. 外语与外语教学，2003（5）：3-8.

[150]　《语言学系列丛书》编委会. 认知语法概论 [M]. 上海：上海外语教育出版社，
　　　　2006.

[151]　王寅. 什么是认知语言学 [M]. 上海：上海外语教育出版社，2011.

[152] 瓦・费・佩列维尔则夫. 形象诗学原理 [M]. 宁琦，何和，王嘎，译. 北京：中国青年出版社，2004.

[153] 魏育邻. 如何理解索绪尔的任意性 [J]. 解放军外国语学院学报，2005（1）：24-28.

[154] 弗里德里希・温格瑞尔，汉斯尤格・施密特. 认知语言学导论 [M]. 上海：复旦大学出版社，2009.

[155] 丸山圭三郎. 索绪尔的思想 [M]. 东京：岩波书店，1981.

[156] 杨宪益. 从《离骚》开始，翻译整个中国：杨宪益对话集 [M]. 北京：人民日报出版社，2011.

[157] 许国璋. 许国璋论语言 [M]. 北京：外语教学与研究出版社，1991.

[158] 许嘉璐. 翻译是社会、文化进步的加油器：在中国译协第五届全国理事会会议开幕式上的书面讲话 [J]. 中国翻译，2005（1）：5.

[159] 许钧. 翻译概论 [M]. 北京：外语教学与研究出版社，2009.

[160] 许钧. 翻译论 [M]. 武汉：湖北教育出版社，2003.

[161] 许渊冲. 论语（英汉对照）[M]. 北京：高等教育出版社，2005.

[162] 许渊冲. Book of Poetry [M]. 长沙：湖南出版社，1992.

[163] 李瑞华. 英汉语言文化对比研究 [M]. 上海：上海外语教育出版社，1996.

[164] 严苡丹.《红楼梦》亲属称谓语的英译研究 [M]. 上海：上海外语教育出版社，2012.

[165] 杨伯峻. 论语译注 [M]. 北京：中华书局，1980.

[166] 杨宪益，野莽. 诗经：汉英对照 [M]. 北京：外文出版社，2001.

[167] 尹富林. 论概念整合模式下翻译的主体间性 [J]. 外语与外语教学，2007（11）：41-44.

[168] 禹一齐. 东西方思维模式的交融 [D]. 上海：上海外国语大学，2009.

[169] 袁愈婪，唐莫尧. 诗经全译 [M]. 贵阳：贵州人民出版社，1981.

[170] 翟晶. 边缘世界：霍米・巴巴后殖民理论研究 [M]. 北京：文化艺术出版社，2013.

[171] 赵长江. 外教社博学文库：十九世纪中国文化典籍英译史 [M]. 上海：上海外语教育出版社，2017.

[172] 张辉，卢卫中. 认知转喻 [M]. 上海：上海外语教育出版社，2010.

[173]　张惠. 王际真英译本与中美红学的接受考论 [J]. 红楼梦学刊, 2011（2）: 291-307.

[174]　张吉良. 巴黎释意学派口译理论成就谈 [J]. 中国科技翻译, 2009, 22（4）: 16-19.

[175]　张敏慧. 韦利及其楚辞研究 [D]. 云林：云林科技大学, 2007.

[176]　张新红, 何自然. 语用翻译：语用学理论在翻译中的应用 [J]. 现代外语, 2001（3）: 285, 286-293.

[177]　周国宝. 跨文化视域中的英汉"马"隐喻对比研究 [J]. 北京理工大学学报（社会科学版）, 2009, 11（3）: 133-136.

[178]　朱熹. 四章句集注·论语 [M]. 北京：中华书局, 1983.

附　录

A. 许渊冲翻译片段

《周颂·酌》

於铄王师，遵养时晦。

时纯熙矣，是用大介。

我龙受之，蹻蹻王之造。

载用有嗣，实维尔公允师。

The royal army brave and bright

Was led by King Wu in dark days

To overthrow Shang and bring back light

And spread Zhou's splendid rays.

Favored by Heaven, I

Succeed the Martial King.

I'll follow him as nigh

As summer follows spring.

《王风·采葛》

彼采葛兮，

一日不见，

如三月兮！

彼采萧兮，

一日不见，

如三秋兮！

彼采艾兮，

一日不见，

如三岁兮!

To gather vine goes she.

I miss her whom I cannot see.

One day seems longer than months three.

To gather reed goes she.

I miss her whom I cannot see.

One day seems long as seasons three.

To gather herbs goes she.

I miss her whom I cannot see.

One day seems longer than years three.

或曰:"以德报怨,何如?"子曰:"何以报德?以直报怨,以德报德。"(《论语·宪问第十四·三十四》)

When asked whether good should be returned for evil, the Master said : "What then should be returned for good? Justice should be returned for evil and good for good."

工欲善其事,必先利其器。(《论语·卫灵公第十五·十》)

The craftsman who wishes to do his work well must first sharpen his tools.

唯女子与小人为难养也!近之则不孙,远之则怨。(《论语·阳货第十七·二十五》)

It is difficult to deal with women and servants. If you are familiar with them, they will be immodest; if you keep your distance, they will complain.

楚狂接舆歌而过孔子,曰:"凤兮凤兮!何德之衰?往者不可谏,来者犹可追。已而,已而!今之从政者殆而!"(《论语·微子第十八·五》)

A hermit of Chu passed by the carriage of Confucius and sang, "Oh, phoenix, oh phoenix. Howunfortunate you are! The past cannot be repaired, but the future can be remedied. Done with it! Done with it! What can be done with the government?"

君子惠而不费；劳而不怨；欲而不贪；泰而不骄；威而不猛。(《论语·尧曰第二十·二》)

An intelligentleman should do good without waste, make people work without complaint, have desire without greed, uphold justice without pride and inspire respect without awe.

B. 理雅各（James Legge）翻译片段

《论语·微子第十八》
微子去之，箕（jī）子为之奴，比干谏而死。孔子曰："殷有三仁焉。"

The Viscount of Wei withdrew from the court. The Viscount of Chi became a slave to Chau. Pi-kan remonstrated with him and died. Confucius said, "The Yin dynasty possessed three men of virtue."

柳下惠为士师，三黜。人曰："子未可以去乎？"曰："直道而事人，焉往而不三黜？枉道而事人，何必去父母之邦？"

Hui of Liu-hsia being chief criminal judge, was thrice dismissed from his office. Some one said to him:"Is it not yet time for you, sir, to leave this?" he replied:" serving men in an upright way, where shall I go to, and not experience such thrice-repeated dismissal? If I choose to serve men in a crooked way, what necessity is there for me to leave the country of my parents?"

齐景公待孔子曰："若季氏，则吾不能；以季、孟之间待之。"曰："吾老矣，不能用也。"孔子行。

The duke Ching of Ch'i, with reference to the master in which he should treat Confucius, said: "I cannot treat him as I would the chief of the Chi family. I will treat him in a manner between that accorded to the chief of the Chi, and that given to the chief of the Mang family." he also said: "I am old; I cannot use his doctrines." Confucius took his departure.

齐人归女乐，季桓子受之，三日不朝。孔子行。

The people of Ch'i sent to Lu a present of female musicians, which Chi Hwan received, and for three days no court was held. Confucius took his departure.

楚狂接舆歌而过孔子曰："凤兮凤兮！何德之衰？往者不可谏，来者犹可追。已而已而！今之从政者殆而！"

孔子下，欲与之言。趋而辟之，不得与之言。

The madman of Ch'u, Chieh-yu, passed by confucius, singing and saying: "O FANG! O FANG! How is your virtue degenerated! As to the past, reproof if useless; but the future may still be provided against. Give up your vain pursuit. Give up your vain pursuit. Peril awaits those who now engage in affairs of government."

Confucius alighted and wished to converse with him, but Chieh-yu hastened away, so that he could not talk with him.

长沮（jū）、桀溺耦而耕。孔子过之，使子路问津焉。

长沮曰："夫执舆者为谁？"

子路曰："为孔丘。"

曰："是鲁孔丘与？"

曰："是也。"

曰："是知津矣。"

问于桀溺。

桀溺曰："子为谁？"

曰："为仲由。"

曰："是孔丘之徒与？"

对曰："然。"

曰："滔滔者天下皆是也，而谁以易之？且而与其从辟人之士也，岂若从辟世之士哉？"耰而不辍。

子路行以告。

夫子怃然曰："鸟兽不可与同群，吾非斯人之徒与而谁与？天下有道，丘不与易也。"

Ch'ang-tsu and Chieh-ni were at work in the field together, when Confucius passed by them, and sent Tsze-lu to inquire for the ford.

Ch'ang-tsu said, 'Who is he that holds the reins in the carriage there?'

Tsze-lu told him : "'It is K'ung Ch'iu.'"

"Is it not K'ung of Lu?"asked he.

"Yes,"was the reply, to which the other rejoined,"He knows the ford."

Tsze-lu then inquired of Chieh-ni, who said to him : "Who are you, sir?"

He answered, "I am Chung Yu."

"Are you not the disciple of K'ung Ch'iu of Lu?" asked the other.

"I am."replied he, and then Chieh-ni said to him, "Disorder, like a swelling flood, spreads over the whole empire, and who is he that will change its state for you? Rather than follow one who merely withdraws from this one and that one, had you not better follow those who have withdrawn from the world altogether?"

With this he fell to covering up the seed, and proceeded with his work, without stopping.

Tsze-lu went and reported their remarks, when the Master observed with a sigh, "It is impossible to associate with birds and beasts, as if they were the same with us. If I associate not with these people,–with mankind,–with whom shall I associate? If right principles prevailed through the empire, there would be no use for me to change its state."

子路从而后，遇丈人，以杖荷蓧。

子路问曰："子见夫子乎？"

丈人曰："四体不勤，五谷不分，孰为夫子！"植其杖而芸。

子路拱而立。

止子路宿，杀鸡为黍而食之。见其二子焉。

明日，子路行以告。

子曰："隐者也。"使子路反见之。至，则行矣。

子路曰："不仕无义。长幼之节，不可废也；君臣之义，如之何其废之？欲洁其身，而乱大伦。君子之仕也，行其义也。道之不行，已知之矣。"

Tsze-lu, following the Master, happened to fall behind, when he met an old man, carrying acrosshis shoulder on a staff a basket for weeds.

Tsze-lu said to him : "Have you seen my master, sir?"

The old man replied : "Your four limbs are unaccustomed to toil; you cannot distinguish the five kinds of grain:who is your master?" With this, he planted his staff in the ground, and proceeded to weed.

Tsze-lu joined his hands across his breast, and stood before him.

The old man kept Tsze-lu to pass the night in his house, killed a fowl, prepared millet, and feasted him. He also introduced to him his two sons.

Next day, Tsze-lu went on his way, and reported his adventure.

The Master said:"He is a recluse."and sent Tsze-lu back to see him again, but when he got to the place, the old man was gone.

Tsze-lu then said to the family : "Not to take office is not righteous. If the relations between old and young may not be neglected, how is it that he sets aside the duties that should be observed between sovereign and minister? Wishing to maintain his personal purity, he allows that great relation to come to confusion. A superior man takes office, and performs the righteous duties belonging to it. As to the failure of right principles to make progress, he is aware of that."

逸民：伯夷、叔齐、虞仲、夷逸、朱张、柳下惠、少连。子曰："不降其志，不辱其身，伯夷、叔齐与？"谓"柳下惠、少连，降志辱身矣，言中伦，行中虑，其斯而已矣。"谓"虞仲、夷逸，隐居放言，身中清，废中权。我则异于是，无可无不可。"

The men who have retired to privacy from the world have been Po-i, Shu-ch'i, Yuchung, I-yi, Chu-chang, Hui of Liu-hsia, and Shao-lien. The Master said : "Refusing to surrender their wills, or to submit to any taint in their persons; such, I think, were Po-i and Shu-ch'i." It may be said of Hui of Liu-hsia, and of Shao-lien, that they surrendered their wills, and submitted to taint in their persons, but their words corresponded with reason, and their actions were such as men are anxious to see. This is all that is to be remarked in them. It may be said of Yu-chung and I-yi, that, while they hid themselves in their seclusion, they gave a license to their words; but in their persons, they succeeded in preserving their purity, and, in their retirement, they acted according to the exigency of the times. I am different from all these. I have no course for which I am predetermined, and no course against which I am predetermined.

大师挚适齐，亚饭干适楚，三饭缭适蔡，四饭缺适秦，鼓方叔入于河，播鼗（táo）武入于汉，少师阳、击磬襄入于海。

The grand music master, Chih, went to Ch'i. Kan, the master of the band at the second meal, went to Ch'u. Liao, the band master at the third meal, went to Ts'ai. Chueh, the band master at the fourth meal, went to Ch'in. Fang-shu, the drum master, withdrew to the north of the river. Wu, the master of the hand drum, withdrew to the Han. Yang, the assistant music master, and Hsiang, master of the musical stone, withdrew to an island in the sea.

周公谓鲁公曰："君子不施其亲，不使大臣怨乎不以。故旧无大故，则不弃也。无求备于一人。"

The duke of Chau addressed his son, the duke of Lu, saying : "The virtuous prince does not neglect his relations. He does not cause the great ministers to repine at his not employing them. Without some great cause, he does not dismiss from their offices the members of old families. He does not seek in one man talents for every employment."

周有八士：伯达、伯适（kuò）、仲突、仲忽、叔夜、叔夏、季随、季騧（guā）。

To Chau belonged the eight officers, Po-ta, Po-kwo, Chung-tu, Chung-hwu, Shu-ya, Shuhsia, Chi-sui, and Chi-kwa.

《商颂·玄鸟》

天命玄鸟，降而生商，宅殷土芒芒。古帝命武汤，正域彼四方。

方命厥后，奄有九有。商之先后，受命不殆，在武丁孙子。武丁孙子，武王靡不胜。

龙旂十乘，大糦是承。邦畿千里，维民所止，肇域彼四海。

四海来假，来假祁祁。景员维河。殷受命咸宜，百禄是何。

Heaven commissioned the swallow,

To descend and give birth to [the father of our] Shang.

[His descendants] dwelt in the land of Yin, and became great.

[Then] long ago God appointed the martial Tang,

To regulate the boundaries throughout the four quarters.

[In those] quarters he appointed the princes,

And grandly possessed the nine regions [of the kingdom].

The first sovereign of Shang,

Received the appointment without any element of instability in it,

And it is [now] held by the descendant of Wu-ding.

The descendant of Wu-ding,

Is a martial king, equal to every emergency.

Ten princes, [who came] with their dragon-emblazoned banners,

Bear the large dishes of millet.

The royal domain of a thousand li,

Is where the people rest;

But there commence the boundaries that reach to the four seas.

From the four seas they come [to out sacrifices];

They come in multitudes;

Jing has the He for its outer border.

That Yin should have received the appointment [of Heaven] was entirely right;[Its sovereign] sustains all its dignities.

《卫风·氓》

氓之蚩蚩，抱布贸丝。

匪来贸丝，来即我谋。

送子涉淇，至于顿丘。

匪我愆期，子无良媒。

将子无怒，秋以为期。

乘彼垝垣，以望复关。

不见复关，泣涕涟涟。

既见复关，载笑载言。

尔卜尔筮，体无咎言。

以尔车来，以我贿迁。

A simple-looking lad you were,

Carrying cloth to exchange it for silk.

[But] you came not so to purchase silk;

You came to make Proposals to me.

I convoyed you through the K'e,

As far as Tun-k-'ew.

–It is not I,[1said],–who would protract the time:

But you have had no good go–between.

I pray you be not angry,

And let autumn be the time.

1aseended that ruinous wall,

To look towards Fuh–kwan;

And when I saw [you] no [coming from] it:

My tears flowed in streams.

When1did see [you coming from] Fuh–kwan,

I laughed and I spoke.

You had consulted, [you said], the tortoise–shell and the reeds,

And there was nothing unfavourable in their response.

"Then come." [I said], "with your carriage,

And I will remove with my goods."

C. 阿瑟·韦利（Arthur David Waley）翻译片段

《论语·里仁第四》

子曰："里仁为美。择不处仁，焉得知！"

The Master said, It is Goodness that gives to a neighbourhood its beauty. One who is free to choose, yet does not prefer to dwell among the Good–how can he be accorded the name of wise?

子曰："不仁者，不可以久处约，不可以长处乐。仁者安仁，知者利仁。"

The Master said, without goodness a man,

Cannot for long endure adversity,

Cannot for long enjoy prosperity.

The Good man rests content with Goodness; he that is merely wise pursues Goodness in the belief that it pays to do so.

子曰："唯仁者能好人，能恶人。"

子曰："苟志于仁矣，无恶也。"

Of the adage:"Only a Good Man knows how to like people, knows how to dislike them."the Master said："He whose heart is in the smallest degree set upon Goodness will dislike no one."

子曰："富与贵，是人之所欲也，不以其道得之，不处也。贫与贱，是人之所恶也，不以其道得之，不去也。君子去仁，恶乎成名？君子无终食之间违仁，造次必于是，颠沛必于是。"

The Master said, Wealth and rank are what every man desire; but if they can only be retained to the detriment of the Way he professes, he must relinquish them. Poverty and obscurity are what every man detests; but if they can only be avoided to the detriment of the Way he professes, he must accept them. The gentleman who ever parts company with Goodness does not fulfil that name. Never for a moment does a gentleman quit the way of Goodness. He is never so harried but that he cleaves to this; never so tottering but that he cleaves to this.

子曰："我未见好仁者，恶不仁者。好仁者无以尚之，恶不仁者其为仁矣，不使不仁者加乎其身。有能一日用力于仁矣乎，我未见力不足者。盖有之矣，我未之见也。"

The Master said, I for my part have never yet seen one who really cared for Goodness, nor one who really abhorred wickedness. One who really cared for Goodness would never let any other consideration come first. One who abhorred wickedness would be so constantly doing good that wickedness would never have a chance to get at him. Has anyone ever managed to do good with his whole might even as long as the space of a single day? I think not. Yet I for my part have never seen anyone give up such an attempt because he had not the strength to go on. It may well have happened, but I for my part have never seen it.

子曰："人之过也，各于其党。观过，斯知仁矣！"

The Master said, every man's faults belong to a set. If one looks out for faults it is only as a means of recognizing Goodness.

子曰："朝闻道，夕死可矣。"

The Master said, In the morning, hear the Way; in the evening, die content!

子曰："士志于道，而耻恶衣恶食者，未足与议也。"

The Master said, A Knight whose heart is set upon the Way, but who is ashamed of wearing shabby clothes and eating coarse food, is not worth calling into counsel.

子曰："君子之于天下也，无适也，无莫也，义之与比。"

The Master said, A gentleman in his dealings with the world has neither enmities nor affections; but wherever he sees right he ranges himself beside it.

子曰："君子怀德，小人怀土。君子怀刑，小人怀惠。"

The Master said, Where gentleman set their hearts upon moral force（te）the commoners set theirs upon the soil. Where gentleman think only of punishments, the commoners think only of exemptions.

子曰："放于利而行，多怨。"

The Master said, Those whose measures are dictated by mere expediency will arouse continual discontent.

子曰："能以礼让为国乎，何有。不能以礼让为国，如礼何？"

The Master said, If it is really possible to govern countries by ritual and yielding, there is no more to be said. But if it is not really possible, of what use is ritual?

子曰："不患无位，患所以立。不患莫己知，求为可知也。"

The Master said, He does not mind not being in office; all he minds about is whether he has qualities that entitle him to office. He does not mind failing to get recognition; he is too busy doing the things that entitle him to recognition.

子曰："参乎，吾道一以贯之。"曾子曰："唯。"子出，门人问曰："何谓也？"曾子曰："夫子之道，忠恕而已矣。"

The Master said, Shen! My Way has one（thread）that runs right through it. Master Tseng said, Yes. When the Master has gone out, the disciplines asked, saying what did he mean? Master Tseng said, our Master's way is simply this: loyalty, consideration.

子曰："君子喻于义，小人喻于利。"

The Master said, A gentleman takes as much trouble to discover what is right as lesser men take to discover what will pay.

子曰："见贤思齐焉，见不贤而内自省也。"

The Master said, In the presence of a good man, think all the time how you may learn to equal him. In the presence of a bad man, turn your gaze within!

子曰："事父母几谏，见志不从，又敬不违，劳而不怨。"

The Master said, In serving his father and mother a man may gently remonstrate with them. But if he sees that he failed to change their opinion, he should resume an attitude of deference and not thwart them; may feel discouraged, but not resentful.

子曰："父母在，不远游，游必有方。"

The Master said, While father and mother are alive, a good son does not wander far afield; or if he does so, goes only where he has said he was going.

子曰："三年无改于父之道，可谓孝矣。"

The Master said, If for the whole three years of mourning a son manages to carry on the household exactly as in his father's day, then he is a good son indeed.

子曰："父母之年，不可不知也。一则以喜，一则以惧。"

The Master said, It is always better for a man to know the age of his parents. In the one case such knowledge will be a comfort to him; in the other, it will fill him with a salutary dread.

子曰："古者言之不出，耻恭之不逮也。"

The Master said, In old days a man kept a hold on his words, fearing the disgrace that would ensue should be himself fail to keep pace with them.

子曰："以约失之者鲜矣。"

The Master said, Those who err on the side of strictness are few indeed!

子曰："君子欲讷于言而敏于行。"

The Master said, A gentleman covets the reputation of being slow in word but prompt in deed!

子曰："德不孤，必有邻。"

The Master said, Moral force (*te*) never dwells in solitude; it will always bring neighbors.

子游曰："事君数，斯辱矣。朋友数，斯疏矣。"

Tzu-yu said, In the service of one's prince repeated scolding can only lead to loss of favour; in friendship, it can only lead to estrangement.

D. 杨宪益 & 戴乃迭、霍克斯（David Hawks）英译片段对比

《红楼梦》

空空道人遂向石头说道："石兄，你这一段故事，据你自己说有些趣味，故

编写在此，意欲问世传奇。据我看来，第一件，无朝代年纪可考；第二件，并无大贤大忠理朝廷治风俗的善政，其中只不过几个异样女子，或情或痴，或小才微善，亦无班姑蔡女之德能。我纵抄去，恐世人不爱看呢。"石头笑答道："我师何太痴耶！若云无朝代可考，今我师竟假借汉唐等年纪添缀，又有何难？但我想，历来野史，皆蹈一辙，莫如我这不借此套者，反倒新奇别致，不过只取其事体情理罢了，又何必拘拘于朝代年纪哉！再者，市井俗人喜看理治之书者甚少，爱适趣闲文者特多。历来野史，或讪谤君相，或贬人妻女，奸淫凶恶，不可胜数。更有一种风月笔墨，其淫秽污臭，屠毒笔墨，坏人子弟，又不可胜数。至若佳人才子等书，则又千部共出一套，且其中终不能不涉于淫滥，以致满纸潘安、子建、西子、文君、不过作者要写出自己的那两首情诗艳赋来，故假拟出男女二人名姓，又必旁出一小人其间拨乱，亦如剧中之小丑然。且鬟婢开口即者也之乎，非文即理。故逐一看去，悉皆自相矛盾，大不近情理之话，竟不如我半世亲睹亲闻的这几个女子，虽不敢说强似前代书中所有之人，但事迹原委，亦可以消愁破闷；也有几首歪诗熟话，可以喷饭供酒。至若离合悲欢，兴衰际遇，则又追踪蹑迹，不敢稍加穿凿，徒为供人之目而反失其真传者。今之人，贫者日为衣食所累，富者又怀不足之心，纵然一时稍闲，又有贪淫恋色，好货寻愁之事，那里去有工夫看那理治之书？所以我这一段故事，也不愿世人称奇道妙，也不定要世人喜悦检读，只愿他们当那醉淫饱卧之时，或避事去愁之际，把此一玩，岂不省了些寿命筋力？就比那谋虚逐妄，却也省了口舌是非之害，腿脚奔忙之苦。再者，亦令世人换新眼目，不比那些胡牵乱扯，忽离忽遇，满纸才人淑女、子建文君红娘小玉等通共熟套之旧稿。我师意为何如？"

The Reverend Void said to the Stone: "Brother Stone, you seem to think that your tale recorded here is interesting enough to merit publication. In my view, in the first place, there is no way of finding out the dynasty and the year; in the second, there is nothing here about worthy and loyal ministers and how they regulated the government and public morality. There are merely some girls remarkable only for their passion or folly, or else for their small gifts and trifling virtues which can not even compare with those of such talented ladies as Ban Zhao or Cai Yan. Even if I were to transcribe it, it would hardly arouse much interest."

"How can you be so dense, master?" protested the Stone with a smile. "If there's no way of finding out the date, you can easily ascribe this tale to some time in the Han or Tang Dynasty. But since all novels do that, I think my way of dispensing with this convention and just dealing with my own adventures and feelings is more original. why insist on a certain dynasty or definite day? Besides, most common people of the market-place much prefer light literature to improving books. The trouble is that so many romances contain slanderous anecdotes about sovereigns and ministers or cast aspersions upon other men's wives and daughters so that they are packed with sex and violence. Even worse are those writers of the breeze-and-moonlight school, who corrupt the young with pornography ad filth. As for books of the beauty-and-talented-scholar type, a thousand are written to a single pattern and none escape bordering on indecency. They are filled with allusions to handsome, talented young men and beautiful, refined girls in history; but in order to insert a couple of his own love poems, the author invents stereotyped heroes and heroines with the inevitable low characters to make trouble between them like a clown in a play, and makes even the slave girls talk pedantic nonsense. So all these novels are full of contradictions and absurdly unnatural.

"Much better are the girls I have known myself during my young days. I wouldn't presume to rank them as superior to all the characters of earlier works, yet their stories may serve to dispel boredom and care while the few doggerels I have inserted may raise a laugh and add zest to wine. As for the scenes of sad partings and happy meetings, prosperity and decline, these are all true to fact and not altered the slightest to cause a sensation or depart from the truth.

"At present the daily concern of the poor is food and clothing, while the rich are never satisfied. All their leisure is taken up with amorous adventures, material acquisition or trouble-making. What time do they have to read political and moral treatises? I neither want people to marvel at this story of mine, nor do I insist that they should read it for pleasure; I only hope they may find distraction here when they are sated with food and wine or searching for some escape from worldly cares. By glancing over it in place of other vain pursuits, they may save their energies and prolong their lives, sparing themselves the harm of quarrels and arguments, or the trouble of chasing after what is illusory.

"Besides, this story offers reader something new, unlike those hackneyed and stale hodge-podges of sudden partings and encounters which teem with talented scholars and lovely girls—Cao Zijian, Zhuo Wenjun, Hongniang, Xiaoyu⁵ and the like. What do you say, master?"

——杨宪益、戴乃迭译

From his reading of the inscription Vantitas realized that this was a stone of some consequence. Accordingly he addressed himself to it in the following manner:

"Brother Stone, according to what you yourself seem to imply in these verse, this story of yours contains matter of sufficient interest to merit publication and has been carved here with that end in view. But as far as I can see（a）it has no discoverable dynastic period, and（b）it contains no examples of moral grandeur among its characters—no statesmanship, no social message of any kind. All I can find in it, in fact, are passion or folly or for some trifling talent or insignificant virtue. Even if I were to copy all this out, I cannot see that it would make a very remarkable book.

"Come, your reverence," said the stone（for Vanitas had been correct in assuming that could speak）, "must you be so obtuse? All the romances ever written have an artificial period setting—Han or Tang for the most part. In refusing to make use of that stale old convention and telling my Story of the Stone exactly as it occurred, it seems to me that, far from depriving it of anything, I have given it a freshness these other books do not have.

"Your so-called 'historical romances', consisting, as they do, of scandalous anecdotes about statesmen and emperors of bygone days and scabrous attacks on the reputations of long-dead gentlewomen, contain more wickedness and immorality than I care to mention. Still worse is the 'erotic novel', by whose filthy obscenities our young folk are all to easily corrupted. And the 'boudoir romances', those dreary stereotypes with their volume after volume all pitched on the same note and their different characters undistinguishable except by name（all those ideally beautiful young ladies and ideally eligible young bachelors）—even they seem unable to avoid descending sooner or later into indecency.

"The trouble with this last kind of romance is that it only gets written in the first place because the author requires a framework in which to show off his love-poems. He goes about constructing this framework quite mechanically, beginning with the names of his pair of young lovers and invariably adding a third character, a servant or the like, to make mischief between them, like the chou in comedy.

"What makes these romance even more detestable is the stilted, bombastic language—inanities dressed in pompous rhetoric, remote alike from nature and common sense and teeming with the grossest absurdities.

Surely my 'number of females', whom I spent half a lifetime studying with my own eyes and ears, are preferable to this kind of stuff? I do not claim that they are better people than the ones who appear in books written before my time; I am only saying that contemplation of their actions and motives may prove a more effective antidote to boredom and melancholy. And even the inelegant verses with which my story is interlarded could serve to entertain and amuse on those convivial occasions when rhymes and riddles are in demand.

"All that my story narrates, the meetings and partings, the joys and sorrows, the ups and downs of fortune, are recorded exactly as they happened. I have not dared to add the tiniest bit of touching-up, for fear of losing the true picture.

"My only wish is that men in the world below may sometimes pick up this tale when they are recovering from sleep or drunkenness, or when they wish to escape from business worries or a fit of the dumps, and in doing so find not only mental refreshment but even perhaps, if they will heed its lesson and abandon their vain and frivolous pursuits, some small arrest in the deterioration of their vital forces. What does your reverence say to that?"

——霍克斯译